Inseln der Hoffnung

Inselgeschichten von
Manfred Kirchner und
Jonas Lohstroh

Zusammenstellung und Buchgestaltung:
Manfred Kirchner
März 2021

Die Texte entstanden im Rahmen der von Dr. Ruth Finckh geleiteten Offenen Schreibwerkstatt an der Universität des Dritten Lebensalters (UDL) Göttingen.

Herstellung und Verlag:

BoD – Books on Demand, Norderstedt

ISBN: 978-3-7534-5790-1

Inhalt

Trauminsel

Dort liegt sie
am Abend
verträumt und
hell
im warmen Sonnenlicht
zwei Häuser, ein Schuppen, ein Boot
leicht plätschern Wellen
auf Felsgestein

Dort würd' ich gern sein
kein Auto, kein Flugzeug
kein Schiffsmotor
still
ein abendlicher Traum
bei einem Glas Wein
mit dir auf der Terrasse
im Sonnenschein

Dort mit dir liegen
träumen unterm Sternenhimmel
auf der Milchstraße wandern
weit
kein fremdes Licht
in der Dunkelheit
nur des
Mondes Schein

Dort würd' ich gern gehen
frühmorgens mit dir
im taufrischen Gras
barfuß
dem Gesang der Vögel
dem Wind in den Föhren
lauschen und träumen
von allen Zwängen befreit

Du tippst mir leicht
auf die Schulter
streichst
sanft
über mein Haar
flüsterst mir ins Ohr
wir müssen jetzt gehen
zum Abendbuffet
an Bord im
Schärengarten vor Stockholm

Bild: Manfred Kirchner

Ekke Nekkepenn
Ein Tandemprojekt

Am Anfang stand die Idee, gemeinsam einen Text zum Thema *Inseln* zu schreiben. Bedingt durch die Corona-Kontaktbeschränkungen haben wir, mein jüngerer Co-Autor, Jonas Lohstroh und ich, uns nur zu Anfang einmal kurz getroffen und grob das gemeinsame Vorgehen besprochen. Alle weiteren Kontakte zwischen uns waren – leider – auf Video-Konferenzen der Schreibwerkstatt, den Mail-Austausch und WhatsApp-Kontakte beschränkt.

Wir haben, bevor wir zur Feder griffen, ausführlich darüber beraten, welches Thema wir unter dem großen Begriff *Inseln* betrachten wollen. Dabei gefiel uns beiden die Nordfriesische Sage von Ekke Nekkepenn gut. Zwangsläufig sind wir auf die Geschichte Rungholts gestoßen und haben uns mit dieser versunkenen Stadt auseinandergesetzt. In einem weiteren Schritt sind wir via Internet an den Ort unserer Handlung, auf die Insel Pellworm, gegangen und haben hierzu ausführlich recherchiert, bevor wir die Handlungsstränge festgelegt und in Szenen aufgeteilt haben. Und dann, endlich, konnten wir unseren Gedanken freien Lauf lassen.

Jeder von uns hat zu den ihm zugedachten Szenen einen Text verfasst und ihn mit dem anderen ausgetauscht. So haben wir uns gegenseitig rezensiert und die Geschichte letztlich in die Form gebracht, wie sie in dieser Anthologie abgedruckt ist.

Ekke Nekkepenn

Skeptisch musterte Rieke das auf dem Flur aufgereihte Gepäck. Irgendetwas, so ihr Gefühl, fehlte. Laufschuhe, Shirts, Laufhosen, Badeanzüge, Freizeitkleidung, mehr wollte sie nicht mitnehmen. Und wenn sie dann noch etwas brauchten, war das nicht schlimm. Schließlich fuhren sie nur nach Pellworm zu ihren Eltern.

Sie freute sich schon sehr auf ein Wiedersehen, hatte sie Vater und Mutter doch drei Jahre nicht gesehen. Und skypen, dazu konnte sie ihre Eltern nicht mehr überreden. Wie weit war der Hautkrebs bei Dad fortgeschritten oder geheilt? Wenn sie mit ihm am Telefon sprach, versuchte er, sie zu beruhigen und leitete dann schnell zu anderen Themen über, fragte nach den Enkeln und Giesbert. Und ihre Mutter antwortete auf ihre Fragen nach Vater nur: „Du kennst ihn doch. Bevor der klagt, muss es ihm wirklich schlecht gehen." Irgendwie ergänzten sich die beiden schweigend, fand Rieke. Und es machte ihr Sorgen, dass ihre Eltern allein auf der Insel lebten, in dem alten Bauernhaus beim Hörn. Als sie Pellworm vor fünfzehn Jahren verlassen hatte und mit Giesbert nach Göttingen gegangen war, verliebt bis über beide Ohren, war sie froh gewesen, von zu Hause weg zu sein. Diese Öde auf der Insel! Nichts los. Schon damals hatten ihre Eltern ihre Trauer schweigend unterdrückt. Schweigend hatte die Mutter ihr dann die Kette mit dem Amulett, ein Erbstück von ihren Großeltern, mit dem Bild von Riekes Eltern in die Hand gedrückt.

Das Amulett! Das war es, was sie mitnehmen wollte. Sie schaute ihre Handtasche durch, ihren Schminkkoffer, für Merle Riekes Beauty Case, an dem sie sich immer mal bediente. Vergebens. Im Nachtschrank? Schnell hastete sie die Treppe hinauf in ihr Schlafzimmer. Wie lange hatte sie diese Kette schon nicht getragen. Ein Lächeln flog über ihr Gesicht, als sie dann endlich das Schmuckstück in ihrem Nachtschrank entdeckte. Spontan legte sie die Kette um ihren Hals. Ein Blick in den Spiegel: Ja, so gefiel sie sich mit ihrer luftig leichten gelben Sommerbluse. Ein wenig hätte sie sich schminken sollen, fand sie. Dafür war aber jetzt keine Zeit mehr. Die letzten Wochen nur im Labor im Institut kaum Tageslicht, wenig Sonne, dann zu Hause Küche, die Kinder Johannes und Merle – zum Sport, zur Musikschule, zur Freundin kutschieren, hierhin und dahin, Hilfe bei den Schulaufgaben – ein Mann, anscheinend unabkömmlich bei der Sparkasse; ihr Gesicht war recht blass geworden. Sie freute sich auf die Nordsee, auf Pellworm, auf ihre Eltern. Erneut huschte ein Lächeln über ihr Gesicht, ja, ihre blasse Haut würden Sonne und Seeluft schnell übermalen.

Als Rieke die Treppe herunterkam, hatte Giesbert schon die meisten Koffer, Taschen und Beutel im Auto verstaut. „Wo warst du denn? Wir müssen jetzt bald los, wenn wir die Fähre um sechzehn Uhr noch bekommen wollen! Merle, Johannes, habt ihr alles?"

„Paps, mein Lenkdrachen! Ich glaube, der liegt noch auf dem Boden. Den wollte ich doch so gern mitnehmen. Ich beeil' mich auch."

„Kinder, ihr treibt mich noch zum Wahnsinn", schimpfte Giesbert, als dann auch Merle verschwunden war, auf der Suche nach irgendetwas. Angespannt lief Giesbert auf dem Flur auf und ab, nervös mit den Fingern an jede Tür und jeden Schrank tippend. Nach weiteren zehn Minuten waren dann alle wieder da, das Gepäck einschließlich Lenkdrachen war im Auto verstaut, die Kinder auf der Rückbank, Rieke auf dem Beifahrersitz, die Haustür abgeschlossen. Giesbert ging einmal schnell um das Haus, ja, alle Fenster und Türen waren zu. Nur die Nachbarin, der er den Hausschlüssel bringen wollte, öffnete nicht. Dabei hatte sie doch zugesagt, auf sein Haus aufzupassen, während sie im Urlaub waren. Er traf sie schließlich im Garten, als sie die Blumen goss. „Oh, entschuldigen Sie. Da habe ich nicht mehr dran gedacht. Ihre Telefonnummer habe ich ja schon ..., falls was ist. Einen schönen Urlaub und viele Grüße an Ihre Frau!"

Das kann ja heiter werden, dachte Rieke, als Giesbert sich hinter das Lenkrad klemmte und mit Vollgas die Straße hinunterbrauste, stumm und geladen wie eine Kanone. *Nur jetzt nicht an der Lunte zündeln.* Und so schwiegen Rieke und die Kinder. Giesbert fuhr sich ein auf der A7 nach Norden und wurde wieder locker, nachdem er die ersten Baustellen ohne Stau passieren konnte.

„Sieht ganz gut aus ..., kein Stau bei Walsrode, Elbtunnel frei ..., bleibt hoffentlich so. Wann braucht ihr 'ne Pause? Fahrerwechsel wäre dann auch nicht schlecht."

„Wie sieht's aus, Kinder? Läuft doch ganz gut. Lasst Papa noch ein Stück fahren! Dann machen wir kurz vor Hamburg Pause?"

Johannes und Merle hatten andere Probleme. Wo war die Mitte der Sitzbank? Warum hatte Merle ihr Buch auf Johannes' Seite abgelegt? Ihm gefiel es überhaupt nicht, wenn seine zwei Jahre ältere Schwester versuchte, ihn zu gängeln oder zu erziehen. Sie hatte eine Grenze überschritten. Immer wieder flammte der Streit zwischen den beiden auf. Und dann: „Wie lange fahren wir noch?" „Wann sind wir endlich da?"

Giesbert polterte los: „Wenn ihr nicht gleich Ruhe gebt, setze ich euch beim nächsten Parkplatz aus!"

„Bert", so nannte Rieke ihren Mann gelegentlich, „bitte, warum bist du so barsch?"

„Die Arbeit. Eigentlich hätte ich noch zwei Termine abarbeiten müssen ... Hoffentlich machen das die anderen richtig!"

„So, so, deine Arbeit also. Du hast doch so eine tüchtige Kollegin. Sucht dich während des gesponserten Wellnesswochenendes im Negligé in unserer Suite auf, während ich jogge und will mit dir irgendwelche Abschlüsse beraten. Ich muss doch mit dem Klammerbeutel gepudert sein, wenn ich das glauben soll."

„Rieke, bitte nicht jetzt, die Kinder ... "

„Oh nein, ich lasse mich nicht mundtot machen. Und dann erzählst du mir, deinen Ring habe bestimmt jemand vom Poolrand mitgehen lassen, eine Möwe oder so. Fehlt nur noch, dass ihn Ekke Nekkepenn geholt hat. Warum hast du denn den Ring überhaupt ... Pass doch auf, beinahe wärst du auf den vor uns aufgefahren!"

„Schluss jetzt, ich muss mich konzentrieren", brach Giesbert den Streit ab.

Rieke schaute schmollend zum Seitenfenster hinaus, spielte auffällig mit ihrem Amulett. Doch er nahm das nicht wahr. Johannes und Merle schwiegen auf der Rückbank und spielten Videospiele.

Rieke hatte ihren Mann vor Hamburg abgelöst und war zügig bis Nordstrand gefahren. Sie hatten noch etwas Zeit bis zur Abfahrt der Fähre um 16:40 Uhr. Giesbert war zerknirscht im Auto sitzen geblieben, während Rieke und die Kinder zum Hafen gegangen waren und dort Fischkutter ansehen wollten. Tief sog Rieke die Seeluft ein, die sie früher nicht gemocht hatte. Die Enge der Insel, keine Disco, nur wenige Freunde, diese Erinnerung verband sie mit dem Geruch.

„Du, Mama, wohnt hier auch eine Meerjungfrau wie Sursulapitschi?"

„Ach Hannes, Meerjungfrauen gibt es doch nur in Märchen oder in Geschichten wie bei Jim Knopf."

„Aber du hast vorhin doch von Ekke Nekkepenn gesprochen, der den Ring von Papa genommen hat. Wer ist das denn?"

„Ekke Nekkepenn ist auch nur eine Märchenfigur, Hannes. Opa kennt viele Geschichten von Ekke. Er hat mir immer wieder davon erzählt, wenn er mich abends ins Bett gebracht hat. Ich fand diese Märchen furchtbar und wollte sie nicht mehr hören. Prinzessinnen und Barbies waren viel interessanter. Er wird euch sicher gern einige dieser Legenden erzählen, denke ich."

Die Kinder zogen auf Entdeckungsreise entlang der Kaimauer zu den Fischerbooten. Rieke hatte sich auf eine Bank gesetzt, die Beine weit ausgestreckt, die Augen geschlossen und genoss die Nachmittagssonne. Und immer wieder huschte ein Lächeln über ihr Gesicht. Sie freute sich auf ihr Zuhause, auf ihre Eltern, auf eine Kutschfahrt auf der Insel mit ihrem Vater, auf die morgendliche Joggingrunde durchs Watt und über die Deiche mit ihren Schafen, auf die deftige friesische Küche ihrer Mutter. Erschrocken richtete sie sich auf, als sie von Merle angetippt wurde. Die Fähre war im Hafen eingelaufen, Zeit, zum Auto zurückzugehen.

Eine kurze Überfahrt, noch ein paar Kilometer mit dem Auto, dann waren sie auf dem Hof von Keno und Gesine Petersen angekommen, am Johannishörn auf Pellworm. Nach einer herzlichen Begrüßung bezogen die Kallmeiers ihre Zimmer, oben unterm Reetdach mit herrlichem Blick aufs Watt und zur Hallig Hooge, besonders romantisch bei Sonnenuntergang. Giesbert war mit den Kindern in den Stall zu den beiden Isländern gegangen. Vor allem wollte Merle unbedingt heute den Pferden Brötchen geben, die sie heimlich vom Reiseproviant abgezwackt hatte.

Rieke stand lange am Fenster und schaute verträumt aufs Watt hinaus. Sie war froh, dass sich ihr Vater nach dem letzten Krankenhausaufenthalt wieder gut erholt hatte. Was hatte sich doch alles hier verändert seit ihrem letzten Besuch vor drei Jahren. Tief in ihre Gedanken versunken erschrak sie, als sie von ihrem Vater zum Abendessen gerufen wurde.

„Vielleicht habt ihr morgen Glück, wenn wir ins Watt gehen, der letzte Sturm ist noch nicht lange her", sagte Opa beim Essen, bevor er einen kräftigen Schluck aus seiner Teetasse nahm. Merle schaute ihn genau an. Sie hatte ihren Opa schon länger nicht gesehen. Die Falten in seinem Gesicht erinnerten sie an die Furchen im Sand des Strandes, den sie auf den Bildern von Mama gesehen hatte. Vielleicht, dachte sie, ist das bei allen Menschen auf der Insel so. Die Wellen hinterlassen ihre Spuren, nicht nur im Sand.
„Wieso Glück?", fragte Johannes.
„Hin und wieder, wenn das Meer hohe Wellen schlägt, bringt es Schätze mit." Merle sah, wie die Augen von Johannes auffunkelten.
„Woher kommen die Schätze, Opa?"
„Naja, das sind alles Dinge, die mal jemand im Meer verloren hat. Und manchmal ...", Opas Stimme wurde etwas

tiefer, „… manchmal verteilt auch der alte Ekke seine Schätze."

Merle dachte kurz nach, wen er meinen könnte. Dann fiel ihr das Gespräch vom Nachmittag wieder ein und ihr Bruder erinnerte sich scheinbar auch, jedenfalls sprudelte es aufgeregt aus ihm heraus: „Oh, ist das dieser Ekke Mekkelspens, von dem du erzählt hast Mama?"

„Ekke Nekkepenn", korrigierte Rieke schmunzelnd.

Opa legte sich etwas Fisch aufs Brot und fuhr dann, ohne davon zu essen, fort: „Jaaa, ganz genau der und er lebt ganz tief unten am Meeresgrund mit seiner Frau. Vor ganz langer Zeit gab es mal einen Seemann, zu einer Zeit, zu der Ekkes Frau in großer Gefahr war. Sie erwartete ein Kind." Opa machte eine kurze Pause und schaute in die Runde. „Aber die Frau des Seemanns konnte ihr helfen, das Kind am Grund des Meeres auf die Welt zu bringen. Deshalb hat Ekke ihn und die Seemannsfrau mit einem Schatz belohnt, größer als ihr euch vorstellen könnt."

„Wie kann er denn unter Wasser leben?" Merle blickte zu ihrem Bruder, der aufgehört hatte, sein Brot weiterzuschmieren, das nur zur Hälfte mit Butter bedeckt war. Auch sie konnte jetzt kaum ans Essen denken. Wenn sie morgen tatsächlich einen Schatz finden würden …, vielleicht war ja auch etwas Schönes für sie dabei.

Opa nahm einen Schluck von seinem dampfenden Tee. „Wisst ihr, er ist kein Mensch. Ekke ist halb Mensch, halb Fisch und deswegen kann er auf dem Meeresgrund leben und atmen."

Das hatte Merle noch nicht gehört. Meerjungfrauen ja, aber so etwas? Ob man wohl schöne Sachen im Meer fand? Eines war klar: Wenn sie nach den Ferien mit einem Armband aus einem Schatz in die Schule gehen würde, würden sie bestimmt alle beneiden. Zugegeben, das mit Ekke klang eher wie ein Märchen, aber das hieß ja noch lange nicht, dass es den Schatz nicht gab.

„Hast du ihn schon mal getroffen, Opa?" Johannes riss sie aus ihren Gedanken. Die Geschichte mit Ekke schien er zu glauben.

Papa ging dazwischen: „Ich denke, wir haben jetzt genug Märchen für heute gehört. Ihr habt noch nichts gegessen und wir müssen morgen weit laufen. Ich will mir nicht anhören müssen, dass ihr nicht mehr gehen könnt, weil ihr müde seid. Esst schnell auf und dann ins Bett. Vielleicht erzählt euch Opa morgen dann noch mehr."

Merles Vater wirkte genervt. Aber das war in letzter Zeit auch zum Normalzustand geworden. Als er die Kinder ins Bett brachte, redete er nicht viel. Ein mürrisches „Gute Nacht" stolperte aus seinem Mund, bevor er die Tür hinter sich schloss.

Eine Weile redete Merle mit ihrem Bruder über den Schatz, bis Johannes schließlich einschlief, und eigentlich war sie selbst schon fast eingeschlafen, da glaubte sie in der Ferne etwas zu hören. Ganz leicht nur, fast gedämpft, hörte sie Glocken. Es war wie das Glockenläuten der Kirchen, die sie von zuhause kannte, aber um diese Uhrzeit? Merle versuchte, herauszufinden, woher es genau kam, da war das Läuten auch schon wieder verschwunden. Seltsam.

Am nächsten Morgen war sie vor Aufregung früh wach; weniger, weil sie unbedingt mehr von Opas Geschichten hören wollte, sondern eher, weil sie voller Vorfreude auf das war, was sie vielleicht finden würden.

Zu ihrer Erleichterung gingen sie direkt nach dem Frühstück los. Auch Johannes konnte es kaum erwarten, er war den ganzen Morgen ungewohnt aufgekratzt. Als der Strand in Sicht war, rannte er los. Papas Rufe waren vergeblich. Aber was sollte passieren? Es war ja kein Wasser mehr da.

Als sie ihn eingeholt hatten, ließ Merle den Blick über das Watt schweifen. Vage Fetzen der Erinnerung trafen sie wie Farbkleckse. Mama und Papa mit ihr genau hier an dieser Stelle, wo mehr Muscheln waren, als sie zählen konnte – orange, rot, blau, sie hat noch einige davon zu Hause. *Aber wieso ist hier nur Schlamm?*, dachte sie enttäuscht, als sie kaum eine Muschel sah. Ein Meer aus Sand mit einzelnen Pfützen dazwischen, die im Licht der Sonne aufblitzten. Mehr war da nicht. War das nicht irgendwie bunter?

„Seht euch den Boden genau an, während wir zur alten Siedlung gehen, Kinder. Vielleicht findet ihr ja noch etwas. Seht ihr da? Ein kleiner Krebs", sagte Opa, als wüsste er, was Merle gedacht hat. Und tatsächlich, wenn sie genauer hinsah, erkannte sie auch einige Muscheln.

Auf dem Weg unterhielten sich Opa und ihre Eltern über die Insel, über Mamas Arbeit, über das Wetter und all die anderen langweiligen Dinge, über die Erwachsene immer so redeten. Ganz ehrlich, manchmal fragte Merle sich, wie sie das aushielten. Erwachsene redeten immer nur, sie machten kaum etwas anderes, wenn sie nicht gerade arbeiteten.

„Da sind wir", sagte Opa schließlich.

Merle schaute sich um. Sie standen vor einem großen runden … ja, was war es? Im Boden war eine runde Aussparung zu erkennen, in etwa so groß, dass in die Mitte zwei Menschen gepasst hätten. Ein Blick in das Gesicht ihres Vaters verriet ihr, dass er genauso ratlos war.

„Was ihr hier seht, war früher einmal ein Brunnen. Er gehörte zu einer großen Stadt, die hier gewesen ist. Rungholt, die reiche Hafenstadt, ist eine Art Atlantis, eine untergegangene Stadt."

„Eine ganze Stadt unter Wasser?", fragte Johannes und sprang über die Reste dessen, was wohl der Randstein vom Brunnen gewesen war, in die Mitte des Kreises.

„Ja, dieser Brunnen ist fast 700 Jahre alt. 1362 ist die Stadt untergegangen", sagte Opa und ließ dabei seinen Blick über die gesamte Runde schweifen, „in einer großen Flut, der Groten Mandränke. Die Einwohner gingen mit ihren Gebäuden unter. Vieles wurde durch das Meer zerstört, aber einige Reste der Stadt kann man heute noch sehen. Wie dieser Brunnen sind sie Zeugen von dem, was passiert ist."

Opa hielt inne und blickte in die Richtung, aus der sie gekommen waren. „Von hier bis Pellworm war früher fast nur Land." Dann drehte er sich um und zeigte in eine andere Richtung. „Genauso bis Nordstrand."

„Das ist ja …"

„Beeindruckend", beendete Merles Vater den Satz ihres Bruders, der sich umdrehte und zu erahnen versuchte, wo die Küste früher verlaufen war.

Merle wurde etwas mulmig bei dem Gedanken, dass hier früher Menschen gelebt haben und ihr Zuhause … vom Meer verschlungen worden war. Wie groß die Stadt gewesen sein musste! Sie schaute auf die Ruine, in deren Mitte immer noch ihr Bruder stand. Ihn schien das eher weniger zu stören, er wirkte fast begeistert, als er sich bückte und mit seiner Hand an den Resten des Brunnens entlangfuhr.

Ihr Blick glitt von ihrem Bruder weiter nach hinten übers Wattenmeer in Richtung Horizont. Ein paar Meter weiter huschte eine Krabbe über den nassen Sand und versuchte etwas beschwerlich, einen kleinen Sandhaufen zu erklimmen. Merle hätte fast schon wieder weggeschaut, da sah sie etwas aus dem Sand hervorstechen.

Sie ging um den Brunnen herum, direkt auf die Krabbe zu und tatsächlich, da zwischen einer zerbrochenen Muschel und etwas Seetang lag, halb vom Sand begraben, ein Stück Metall, das sie an sich nahm. Mit ihren Händen wischte sie den Sand von dem kalten Metall und zum Vorschein kam ein in der Sonne leicht golden glänzendes Etwas, das wohl einmal Schmuck gewesen war. Vielleicht ein Anhänger oder etwas Ähnliches.

„Hast du etwas gefunden?", fragte ihre Mutter hinter ihr. Merle hatte gar nicht gemerkt, dass sie nähergekommen war.

„Ich glaube, es ist Schmuck oder sowas, schau mal, wie schön es geformt ist.", sagte Merle und reichte ihrer Mutter das Stück.

„Ich will auch!", rief Johannes und nahm es ihr aus der Hand.

Nachdem sich jeder das Schmuckstück einmal angeschaut hatte, fragte er: „Woher das wohl kommt? Das ist bestimmt aus dem Schatz von Ekke."

„Möglich wäre es", warf Opa ein, „aber dann müssen wir vorsichtig sein. Ekke ist für viele Stürme hier verantwortlich und kann manchmal sehr ..."

Giesbert unterbrach ihn: „Ach, Schluss jetzt mit diesem komischen Gnom! Rieke, sag doch auch mal was, du siehst doch, dass Hannes ihm das abkauft. Das hat bestimmt irgendjemand auf einer Fähre mal verloren oder so. Auf jeden Fall lässt sich eine bessere Erklärung dafür finden als ein alberner Meeresgnom mit einem Schatz, den es nicht gibt."

„Mensch, Bert, lass ihnen doch ihren Spaß. Aber es stimmt schon, von Ekke kann es nicht sein. Vielleicht stammt das Stück ja aus Rungholt und gehörte einer Frau, die hier vor Hunderten von Jahren gewohnt hat", sagte Rieke und schaute zu ihrem Vater.

„Hmm, ja ich würde es jedenfalls nicht sofort ausschließen", antwortete er, während er das Metallstück im Licht der Sonne genau musterte. „Am besten, ich nehme es mit und zeige es nächste Woche dem Museum, die wissen bestimmt, woher es kommt." Keno steckte den Fund ein. „So, und jetzt sollten wir uns langsam auf den Rückweg machen, das Wattenmeer kann sehr gefährlich sein, wenn das Wasser zurückkommt."

Als die Wattwanderer zurück waren und im Hause von Keno und Gesine eintrafen, hatte sie einen deftigen Eintopf gekocht, grüne Bohnen mit Lamm. Merle schüttelte sich, als der Topf auf den Tisch kam, und auch Johannes war wenig begeistert. Oma war sichtlich enttäuscht von der Reaktion ihrer Enkel, so dass Rieke einsprang und vermittelte: „Kinder, probiert doch einfach mal. Oma Gesine macht den besten Eintopf auf der Insel. Der wird euch bestimmt schmecken!" Merle und Johannes hatten nach der Wattwanderung großen Hunger und probierten mit gequältem Gesicht. Der Eintopf schmeckte ihnen dann doch, denn sie fassten jeder kräftig zu.

Giesbert hatte sich nach dem Essen die „Husumer Nachrichten" von der Kommode auf dem Flur genommen, sich mit der Zeitung im Garten in einen Liegestuhl gesetzt und zu lesen begonnen. Dann schüttelte er nur den Kopf. „So ein Quatsch mit diesem Ekke Nekkepenn …", war sein Kommentar zu einem Artikel, den er dort fand.

Nach einer ausgedehnten Mittagspause verschwand Merle im Pferdestall, bewaffnet mit Striegel und Mähnenbürste. Johannes und Giesbert gingen zum Strand und badeten; die Flut war jetzt gerade aufgelaufen. Rieke half ihrer Mutter bei den Hausarbeiten.

Am Abend saßen alle zusammen und planten den nächsten Tag. Johannes wollte gern die Insel mit dem Rad erkunden, Merle auf den Pferden reiten, Rieke mit der Kutsche über die Insel fahren – und Giesbert? Er versuchte immer wieder, eine Verbindung mit seinem Smartphone herzustellen, es klappte aber nicht. Das war Rieke nicht verborgen geblieben.

„Also, ich würde morgen einfach nur faulenzen", so Giesbert. „Macht euch doch einen schönen Tag, ich bleibe hier."

„Das kann doch nicht wahr sein!", wetterte Rieke. „Ich denke, wir machen alle gemeinsam Urlaub. Wirf dein Smartphone weit weg und schalte doch endlich mal ab! Oder schafft es deine tüchtige Kollegin, wie hieß sie doch gleich ..., ach ja, Dorotheeee ..., schafft die es nicht, ohne dich den Laden zu schmeißen? Darüber reden wir noch!"

Rieke war vom Tisch aufgesprungen, war zur Tür hinausgegangen und hatte sie mit einem lauten Knall zugeschlagen. Die Stimmung am Tisch war auf dem Nullpunkt angelangt, eine Entscheidung vertagt und die Kinder hatten sich auf ihr Zimmer zurückgezogen. Giesbert wagte es in Gegenwart seiner Schwiegereltern nicht, auf dem Smartphone herumzudaddeln, war hinaus auf den Deich gegangen und suchte dort nach gutem Empfang. Als er einige Zeit später zurückging und sein Schlafzimmer aufsuchte, lag Rieke schon im Bett, wütend und angespannt.

„Den Urlaub habe ich mir etwas anders vorgestellt", polterte Rieke. „Was ist mit dir los? Du siehst an mir vorbei. Hast du überhaupt bemerkt, dass ich das Amulett, das du so bewundert hast, als wir uns kennengelernt haben, schon zwei Tage trage? Du bist mit deinen Gedanken ..."

„Rieke, es reicht", unterbrach Giesbert seine Frau wütend. „Was denkst du, was ich den ganzen Tag mache! Ja, ich bin noch bei der Arbeit! So ein Dreieinhalb-Millionen-Vertrag ist kein Selbstläufer. Und ein paar Tantiemen hängen auch dran. Ich hätte die Unterschrift gern vor dem Urlaub unter dem Vertrag gehabt. Ich muss einfach noch ein paar Tage am Ball bleiben und meine Kollegen unterstützen."

„Deine liebe Dorotheee ...! Eine blöde Idee von deinen Chefs, euch als Leistungsprämie ein Wellness-Wochenende mit Partnern zu schenken, dann noch im gleichen Hotel und auch noch zur gleichen Zeit."

„Du bist doch krank vor Eifersucht. Da bist du einmal schon nach zehn Minuten statt nach 'ner Stunde vom Joggen zurück ins Hotel gekommen ... Wir hatten uns im Schwimmbad verabredet, dass wir noch kurz einen Vertrag besprechen wollen. Und da hast du uns in Badehose und Bikini in unserem Zimmer angetroffen und schon machst du daraus ein Ehedrama. Wenn wir was miteinander hätten, dann sicher nicht so."

„Ausreden, nichts als Ausreden! Genau wie deine Ausrede von der Möwe, die deinen Ring geklaut hat, oder von Ekke Mekkepenn ... Was denkst du dir eigentlich dabei mit solchen Sprüchen? Willst du mich verschaukeln?"

„Ekke Nekkepenn! Das hast du mir doch selbst in den Mund gelegt. Warum sollte ich denn den Ring versetzen? Ich wüsste auch gern, wo er geblieben ist. Ich kann es dir genauso wenig erklären, wie du mir Ekke Nekkepenn!"

Giesbert und Rieke stritten noch lange. Im Zimmer der Kinder war es ruhig.

Merle hatte die Nase gestrichen voll. Die Wand zum Zimmer der Eltern dämpfte die lautstarken Wortgefechte nur mäßig. Sie hatte das Gefühl, ihre Eltern stritten in letzter Zeit immer öfter miteinander, und so richtig verstand sie nicht, worum es dabei ging. Soweit sie es hören konnte, schien es aber irgendetwas mit dem Ehering zu tun zu haben.

„Wie kannst du dabei lesen, wenn Mama und Papa sich streiten? Was liest du da überhaupt?", hatte sie ihren Bruder gefragt.

„Jim Knopf! König Lormoral und die versunkene Stadt! Voll spannend. Wie Rungholt." Johannes legte sein Buch auf den Nachtschrank. „Glaubst du, sie vertragen sich auch mal wieder?", fragte er Merle und wirkte etwas besorgt.

„Bestimmt", sagte sie, obwohl sie sich nicht sicher war. Als große Schwester hatte sie aber das Gefühl, ihn beruhigen zu müssen, und so hätte sie gerne mehr gesagt, aber ihr fiel nichts ein.

„Weißt du, was ich gedacht habe?" Johannes legte sein Buch beiseite. „Papa hat ja seinen Ring verloren, vielleicht werden sie wieder glücklicher, wenn wir den Schatz von Ekke finden. Da sind bestimmt auch Ringe drin."

„Hmm", Merle dachte nach. Sie glaubte zwar nicht an Ekke, aber vielleicht gab es dort, wo sie gestern waren, noch mehr und es wäre ja tatsächlich den Versuch wert. Würden sie einen richtigen Schatz finden, wäre dort mit Sicherheit auch noch genug für sie dabei. Was hatten sie schon zu verlieren? Sie könnten wieder zuhause sein, bevor ihre Eltern es merkten. Sie müssten nur leise sein.

Gong. Ein gedämpftes Glockenläuten riss sie aus ihren Gedanken. Was war das? Es war kaum zu hören, zumal ihre Eltern sich nebenan immer noch stritten. Aber doch, da war etwas.

Gong. Da war es wieder! Merle schaute ihren Bruder an, der genauso überrascht war wie sie. Sie ging zum Fenster und öffnete es leicht, um zu gucken, ob es irgendwie von draußen kam.

Gong. Ein drittes Mal. Dieses Mal etwas klarer, aber immer noch relativ leise. Es hörte sich an wie die Kirche bei ihnen zuhause. Irgendwo von dort draußen aus der Ferne kam es. War es vielleicht die Kirche von Rungholt? Oder doch von einer Hallig?

„Glaubst du, das kommt von der versunkenen Stadt?", fragte ihr Bruder.

„Ich weiß nicht", sagte Merle. Aber wie wahrscheinlich war das schon? Eine Weile warteten sie, aber ein viertes Gong hörten sie nicht mehr. Nur einzelne Worte aus dem Nebenzimmer.

„Also gehen wir jetzt los?", fragte ihr Bruder schließlich. Merle zögerte. Die Idee, mitten in der Nacht das Haus zu verlassen, würde ihren Eltern sicher nicht gefallen. Andererseits war die Chance auf den Schatz groß. Und wenn sie nichts finden würden, dann würden sie rechtzeitig wieder da sein, bevor jemand ihr Verschwinden bemerkte. Außerdem könnte sie ihren kleinen Bruder so vielleicht etwas aufheitern, es war ja auch sehr aufregend.

„Okay, pass auf. Wir gehen jetzt los und schauen nach, ob wir den Rest von dem Schatz finden. Aber wir müssen leise sein und uns beeilen, damit wir wieder da sind, bevor irgendjemand was bemerkt."

Merle und Johannes packten ihre Rucksäcke und schlichen sich leise am Zimmer der Eltern vorbei zur Haustür, die Merle langsam hinter sich zuzog. Draußen war die Sonne schon untergegangen und der aufgehende Vollmond beleuchtete die Landschaft in dunklem Blau. Zum Glück war der Weg nicht weit und sie hatte ihn sich gemerkt.

Am Strand kramte sie aus ihrem Rucksack Opas Taschenlampe hervor, die sie aus der Kommode im Flur genommen hatte, und leuchtete kurz die Küste ab. Niemand war da.

„Und jetzt?", fragte Johannes. „Weißt du noch, wo wir hingegangen sind?"

„Nicht ganz." Merle leuchtete mit ihrer Lampe Richtung Wasser. Zwar gab auch der Mond spärliches Licht ab, der gelbe Lichtkegel bahnte sich aber durch den dunkelblauen Mantel des Mondlichtes und gab den Blick auf das Wattenmeer noch besser frei. Leichte Nebelschwaden zogen vor ihnen über den Boden. „Ich denke, wir sind hier direkt geradeaus ins Wattenmeer."

„Na, dann los."

Einige Zeit stapften sie so durch das matschige Watt. Merle hatte nicht bedacht, dass sie in der Dunkelheit nicht alles sehen würden, und so trat sie manchmal in Pfützen, woraufhin ihre Füße nass wurden. Sie ärgerte sich, dass ihr das nicht vorher in den Sinn gekommen war. Ihre Eltern würden morgen bestimmt merken, dass ihre Schuhe noch nass waren, und dann müsste sie sich noch eine Ausrede einfallen lassen.

„Warte mal", sagte Johannes schließlich ganz leise.

Sie wusste nicht, warum er flüsterte, aber sie tat es vorsichtshalber auch. „Was ist denn?"

22

„Mach mal die Taschenlampe aus. Da hinten ist was."

Merle drückte auf den Knopf und der Lichtkegel verschwand, woraufhin das dunkelblaue Mondlicht sie wieder umhüllte. Da hinten war tatsächlich etwas, das im Licht der Taschenlampe kaum zu sehen war, aber jetzt trat es deutlich hervor und zwar durch die dünnen Nebelschwaden hindurch. Merle war erstaunt, denn sie hatte so etwas noch nie gesehen. Es war schwer zu beschreiben. Hin und wieder funkelten dort blaue Lichter auf, die sich Merle nicht erklären konnte. Sie schimmerten über das Wattenmeer hinweg.

„Ist das die Stadt?", flüsterte ihr Bruder.

„Vielleicht", sagte Merle. „Vielleicht ist dort auch der Schatz."

Merle fasste ihren Bruder sicherheitshalber an der Hand und knipste die Taschenlampe wieder an, um im Lichtkegel besser sehen zu können. Sie richtete das Licht in Richtung des Schimmerns und zuckte zusammen, als dort plötzlich etwas zwischen ihnen und dem Leuchten stand. Es war nicht leicht zu erkennen. Merle hatte das Gefühl, dass der Nebel dichter geworden war, konnte es aber nicht sicher sagen. Sie konnte sich kaum bewegen. Was war das? Sah ihr Bruder es auch? Sie traute sich nicht, ihren Blick abzuwenden oder ihren Bruder anzusprechen.

In der Ferne sah sie eine relativ kleine Gestalt. Merle wusste nicht recht, wie sie sie beschreiben sollte. Im Licht der Taschenlampe schien der Körper zu glänzen, und es dauerte ein wenig, bis sie dieses Schillern als Schuppen erkannte, die das Licht durch den Nebel reflektierten. Aber das konnte ja gar nicht sein. Bildete sie sich das nur ein? Was war das? Ein Tier, ein Mensch oder war es vielleicht …?

„Das ist Ekke", flüsterte Johannes und sprach aus, was Merle dachte.

Er schien in ihre Richtung zu schauen, hob die Hand und machte ein Zeichen, dass sie ihm folgen sollten. Dann drehte er sich um und ging in Richtung der seltsamen Lichter. Wollte er sie ins untergegangene Rungholt lotsen?

„Sollen wir ihm folgen?", fragte Johannes kaum hörbar. Ja, sollten sie? Merle wusste es auch nicht. Die Situation machte ihr so sehr Angst, dass sie sich immer noch kein Stück bewegte. Dann endlich gab sie sich einen Ruck und drehte sich zu ihrem Bruder um.

„Alles Quatsch! Es gibt keine Märchenfiguren! Das sind nur Erfindungen der Erwachsenen. Damit wollen sie uns nur einschüchtern, damit wir machen, was sie wollen!"

„Aber da war doch was!", erwiderte Johannes. „Du hast es doch auch gesehen!"

„Ich glaube, wir sollten …" Merle stockte, denn das Licht ihrer Lampe, mit der sie jetzt ihrem Bruder ins Gesicht leuchtete, erhellte auch einen Teil des Bodens und gab die Sicht auf etwas frei, das dort im Schlamm lag. Sie bückte sich und hob es auf. Es war ein Ring. Gerade als sie ihn musterte, fiel ihr etwas anderes auf.

Der Ring lag nicht nur im Schlamm, er lag im Wasser. Aber war hier überhaupt schon so viel Wasser, als sie stehengeblieben waren? Ohne etwas zu sagen, leuchtete sie die Gegend um sie herum ab, um zu prüfen, ob es noch genügend trockene Stellen gab. Kam das Wasser etwa zurück?

Mitternacht war schon vorbei, als Rieke noch einmal aus dem Schlafzimmer schlich und die Toilette auf dem Flur aufsuchte. *Oh, die Tür zum Kinderzimmer steht ja noch offen. Mal sehen, ob die beiden schlafen.* Vorsichtig ging sie in das Zimmer, dann ein Aufschrei: „Giesbert, komm schnell. Die Kinder sind weg!" Rieke hatte das Licht angemacht und stand zitternd im Nachthemd mitten im Zimmer. Keno und Gesine waren durch den Lärm auch wach geworden und kamen die Treppe heraufgeeilt.

„Wo können die Kinder nur hin sein? Giesbert? Wo sollen wir suchen?"

Keno beruhigte. „Also, Merle könnte im Stall sein und hat Hannes sicher mitgenommen. Dass wir aber nichts gehört haben!" Keno blickte zum Hoffenster hinaus und schüttelte den Kopf. „Nein, da ist alles dunkel."

Rieke hatte in der Zwischenzeit festgestellt, dass die Schuhe der Kinder nicht mehr im Flur standen. „Sind die … weg … gelaufen?", stotterte sie verzweifelt. „Wo können die nur hin …?". Alle eilten aus dem Haus und riefen in die Nacht hinaus. Keine Antwort! Nur das Kläffen der Hunde in der Nachbarschaft, angehende Lichter in den Häusern und „Ruhe"-Rufe.

Keno, sonst der ruhende Pol im Haus, wurde jetzt auch nervös. „Hoffentlich sind die nicht im Watt … Die Flut … in einer halben Stunde … Rieke! Giesbert! Holt die Pferde raus … und die Kutsche! Los, schnell! Wir haben nur wenig Zeit." In Windeseile waren die Pferde vor die Kutsche gespannt. „Los, meine Taschenlampe aus dem Flur …

schnell!" Giesbert war ins Haus geeilt, kam ohne Taschen-
lampe zurück.

„Die ist weg!"

„Verdammte Bande", brummelte Keno in seinen Bart.
„Los, steigt auf, der Mond scheint hell genug. Dann geht es
auch ohne Lampe!"

Es war schon ein eigentümliches Bild, das die vier auf der
Kutsche abgaben. Alle im Schlafanzug oder Nachthemd.
Keno trieb die Pferde, die sich scheuten, ins Watt zu gehen,
mit der Peitsche an. Rieke und Gesine standen, sich gegen-
seitig festhaltend, mit flatternden Nachthemden hinten auf
der Kutsche und hielten Ausschau. Giesbert hatte sich
neben Keno und neben den Kutschbock gestellt und hielt
sich krampfhaft am Gestänge fest, während auch er das Watt
absuchte.

„Wir müssen nach Rungholt! Dort waren die Kinder
gestern so eifrig bei der Schatzsuche. Ich glaub, Ekke
Nekkepenn hat sie in seinen Bann gezogen!", so Keno. Die
Pferde vor der Kutsche liefen im schnellen Trab durch die
auflaufende Flut. Das Wasser spritzte hoch. Die vier auf der
Kutsche waren total durchnässt, als Keno die Pferde wenige
hundert Meter vor Rungholt stoppte.

„Also, hier sind die nicht! Hier können die nicht sein! Die
hätten wir sehen müssen! Das Wasser ..."

Enttäuscht setzten sich Rieke, Gesine und Giesbert auf
die Sitze der Kutsche und starrten auf die immer wieder
gespenstisch blau aufleuchtenden Wellen der ansteigenden

26

Flut. Rieke jammerte leise vor sich hin, während ihre Mutter sie an sich drückte.

„Lasst uns umkehren! Die Flut kommt jetzt ganz schnell. Wir kommen sonst nicht mehr mit der Kutsche und den Pferden zurück an Land", hatte Keno vorgeschlagen, die Pferde hart am linken Zügel gehalten, das Gespann gedreht und dann die Pferde leicht mit der Peitsche angetrieben. Nach etwa zehn Minuten waren sie wieder am Deich von Pellworm angelangt. Das Wasser stand hier auch schon dreißig Zentimeter hoch. Rieke hatte laut zu weinen angefangen, als Giesbert sich neben sie setzte.

Als die Kutsche über den Deich fuhr und das Haus von Keno und Gesine schon zu sehen war, hielt Keno plötzlich die Pferde an. „Habt ihr vorhin das Licht brennen lassen?", fragte er in die Runde. Alle waren sich sicher, dass sie das Licht im Haus ausgemacht hatten. Jetzt trieb er die Pferde noch einmal an, denn gerade wurde das Licht im Flur ausgeschaltet. „Diese verdammten Blagen!", schimpfte Keno mit einem erleichterten Schmunzeln im Ton.

Als Rieke in das Schlafzimmer der Kinder schaute, lagen Johannes und Merle in ihren Betten und taten so, als ob sie schliefen. *Wartet nur! Morgen reden wir mal ein ernstes Wort miteinander! Ihr könnt euch schon jetzt warm anziehen.*

Keno und Giesbert hatten die Pferde wieder in den Stall gebracht und tüchtig abgerieben, damit sie keine Lungenentzündung bekamen. Alle nahmen, unterkühlt und nass, wie sie waren, ein heißes Duschbad und gingen müde und aufgewühlt ins Bett. Schlafen konnten sie alle nicht gleich und Rieke fielen erst beim Sonnenaufgang die Augen zu.

Schon früh am Morgen war Giesbert aufgestanden, hatte sich aus dem Schlafzimmer geschlichen und war in den Garten seiner Schwiegereltern gegangen. Ein Blick auf sein Smartphone und ein leichtes Lächeln huschte über sein Gesicht. Da lag noch die Zeitung vom Vortag auf der Gartenbank. Giesberts Blick fiel wieder auf den Artikel über Ekke Nekkepenn und er begann zu lesen:

„Meeresleuchten: Rückkehr von Ekke Nekkepenn?
Im Wattenmeer vor Pellworm war in den letzten Tagen ein seltenes Naturschauspiel zu sehen, das bisher nur in tropischen und subtropischen Meeren und in der Karibik auftrat, das Meeresleuchten von Milliarden kleinster Algen. Meeresbiologen sprechen hier von Biolumineszenz, die alten Insulaner von Ekke Nekkepenn, dem Meeresgeist, und die Klimaforscher von einem eindeutigen Beweis des Klimawandels. Diese Mikroorganismen, im Volksmund „Nachtlaternchen" genannt, erzeugen bei Berührungen langanhaltende Lichtreflexe und finden anscheinend im Wattenmeer seit einigen Jahren geeignete Lebensbedingungen, die eine massenhafte Vermehrung dieser Algen ermöglichen. Ihr Licht ist vom Strand aus zu sehen, wenn sich die Wellen brechen. Es wird davor gewarnt, ins Wattenmeer hinauszugehen, um dieses Schauspiel aus der Nähe zu betrachten, da die Gefahr der Flut bei Dunkelheit nicht eingeschätzt werden kann.
Ob Christian Peter Hansen, der die Sage von Ekke Nekkepenn wesentlich prägte, sich vorstellen konnte, dass seine Geschichte einmal eine solche Aktualität erreichen würde?"

Sollten die Kinder ... Das Licht, hab es auch gesehen ... Werden die Kinder sicher berichten ... Giesbert hatte das alte Messer von der Küchenfensterbank geholt, einen Strauß Sonnenblumen geschnitten und ihn in einer großen Vase auf den Tisch im Esszimmer von Oma und Opa gestellt. Er hatte bereits den Tisch gedeckt, eine Kerze angezündet und war gerade dabei, den Kaffee aufzubrühen, als Keno und Gesine dazukamen und noch einmal über den nächtlichen Ausflug sprachen. Der Kaffeeduft weckte anscheinend auch Rieke, Merle und Johannes, die ein wenig verschlafen am Tisch Platz nahmen. Giesbert streichelte Rieke über die Wange, als sie in die Küche kam, und flüsterte ihr ins Ohr: „Die Kuh ist vom Eis. Der Vertrag steht. Jetzt beginnt unser Urlaub richtig." Beide nahmen mit einem Lächeln den Platz am Frühstückstisch ein.

Opa Keno ergriff das Wort: „Merle und Hannes, was habt ihr euch eigentlich dabei gedacht, mitten in der Nacht ins Watt zu laufen?"

„Wir wollten doch nur Papas Ring ..., wir haben gedacht, Ekke könnte ihn ..."

„So ein Quatsch! Es ist schon schlimm genug, dass sich eure Eltern um diesen blöden Ring streiten. Also Schluss mit dieser Ekke-Geschichte. Ist doch nur ein Märchen, genauso wie Jim ... wie heißt der doch gleich?"

„Jim Knopf und Lukas ...", sprudelte es aus Johannes heraus.

„Auch nur eine Geschichte, ein Märchen ..."

„Aber wir haben doch den Ring gefunden, Opa", erwiderten Johannes und Merle im Gleichklang, und Johannes kramte schnell den Ring aus seiner Hosentasche und legte ihn auf den Tisch. „Und dann dieses Licht ..."

Opa nahm den Ring in die Hand, drehte ihn hin und her und untersuchte ihn von allen Seiten. „Und den habt ihr heute Nacht im Watt gefunden?"

„Ja, und Ekke Nekkepenn hab' ich auch gesehen", so Johannes.

„Also, dieser Ring ist nur ein alter verwitterter Messingring, vermutlich aus der Zeit, als Rungholt noch bestand. Hat wohl mal zu einem Fischernetz oder einer Reuse gehört. Das ist nicht der Ring von eurem Vater."

Oma hatte in der Zwischenzeit Kaffee eingeschenkt und den beiden Kindern eine Schokoladenmilch spendiert, während Rieke die Diskussion zwischen Opa und den Kindern aufmerksam verfolgte.

„Mir zittern immer noch die Knochen, wenn ich daran denke, was hätte passieren können. Ihr ..."

Keno unterbrach sie barsch. „Ich möchte nicht, dass die Kinder ausgeschimpft oder bestraft werden. Hört endlich auf mit diesem Theater, du und Giesbert! So ein Kinderkram. Ihr seht doch, was dabei am Ende herauskommen kann. Vertragt euch endlich wieder. Was ist das überhaupt für ein Quatsch mit dem Ring von Giesbert? Und ich habe noch eine Bitte: Ich möchte nicht, dass in meinem Haus gestritten wird, nicht mit den Kindern und du und Giesbert auch nicht. So, jetzt frühstücken wir miteinander und nach dem Frühstück sprechen wir noch einmal ganz ruhig über

Ekke Nekkepenn und darüber, was du gesehen hast, Johannes!"

Kenos Machtwort wollte sich keiner widersetzen. Die Familie saß nach dem Frühstück lange beisammen und sprach über Rungholt, Ekke Nekkepenn, Jim Knopf, das Licht im Wattenmeer und den verlorengegangenen Ring. Rieke spielte bei dieser Familienkonferenz mehrfach mit ihrem Amulett, öffnete es und verschloss es wieder. *Ich sollte das Bild austauschen, gegen ein Bild von Giesbert und den Kindern. Ich sollte* ... Sie beendete die Gesprächsrunde, nahm Giesbert bei der Hand und ging mit ihm in den Garten. Rieke unterhielt sich lange mit ihm, nahm dabei das Amulett immer wieder in die Hand, umarmte ihn schließlich und flüsterte ihm etwas ins Ohr.

Als die Flut ablief, gingen alle gemeinsam nach Rungholt. Johannes warf den in der Nacht gefundenen Ring ins Watt zurück und rief: „Hier hast du deinen Ring zurück, Ekke!"

Und Rieke zog ihren Ehering vom Finger und warf ihn ebenfalls ins Watt. „Falls du den Ring von Giesbert hast, hier hast du auch meinen, Ekke. Werd glücklich damit!"

Rungholt

Der Untergang der auf einer Nordseehallig gelegenen Stadt Rungholt wurde oft als literarisches Motiv verwendet. Das Werk *Trutz Blanke Hans* ist das bekannteste Gedicht Detlev von Liliencrons (1844-1909). Es handelt vom Untergang Rungholts. Diese Stadt gab es tatsächlich und sie soll außerordentlich wohlhabend gewesen sein. Im 14. Jahrhundert wurde sie von einer Sturmflut überspült, in die Tiefe gerissen und vom Meer verschluckt.

Liliencron erfuhr von dieser Geschichte, nachdem er auf Pellworm zum Hardesvogt der schleswigschen Wattenmeerinsel, d. h. zum örtlichen Stellvertreter des zuständigen Landrats, berufen worden war, und verfasste die folgende Ballade:

Trutz, Blanke Hans
Detlev von Liliencron (1844 – 1909)

Heut bin ich über Rungholt gefahren,
Die Stadt ging unter vor sechshundert Jahren.
Noch schlagen die Wellen da wild und empört,
Wie damals, als sie die Marschen zerstört.
Die Maschine des Dampfers schütterte, stöhnte,
Aus den Wassern rief es unheimlich und höhnte:
Trutz, Blanke Hans.

Von der Nordsee, der Mordsee, vom Festland geschieden,
Liegen die friesischen Inseln im Frieden.
Und Zeugen weltenvernichtender Wut,
Taucht Hallig auf Hallig aus fliehender Flut.
Die Möwe zankt schon auf wachsenden Watten,
Der Seehund sonnt sich auf sandigen Platten.
Trutz, Blanke Hans.

Mitten im Ozean schläft bis zur Stunde
Ein Ungeheuer, tief auf dem Grunde.
Sein Haupt ruht dicht vor Englands Strand,
Die Schwanzflosse spielt bei Brasiliens Sand.
Es zieht, sechs Stunden, den Atem nach innen
Und treibt ihn, sechs Stunden, wieder von hinnen.
Trutz, Blanke Hans.

Doch einmal in jedem Jahrhundert entlassen
Die Kiemen gewaltige Wassermassen.
Dann holt das Untier tief Atem ein,
Und peitscht die Wellen und schläft wieder ein.
Viel tausend Menschen im Nordland ertrinken,
Viel reiche Länder und Städte versinken.
Trutz, Blanke Hans.

Rungholt ist reich und wird immer reicher,
Kein Korn mehr faßt der größeste Speicher.
Wie zur Blütezeit im alten Rom,
Staut hier täglich der Menschenstrom.
Die Sänften tragen Syrer und Mohren,
Mit Goldblech und Flitter in Nasen und Ohren.
Trutz, Blanke Hans.

Auf allen Märkten, auf allen Gassen
Lärmende Leute, betrunkene Massen.
Sie ziehn am Abend hinaus auf den Deich:
Wir trotzen dir, blanker Hans, Nordseeteich!
Und wie sie drohend die Fäuste ballen,
Zieht leis aus dem Schlamm der Krake die Krallen.
Trutz, Blanke Hans.

Die Wasser ebben, die Vögel ruhen,
Der liebe Gott geht auf leisesten Schuhen.
Der Mond zieht am Himmel gelassen die Bahn,
Belächelt der protzigen Rungholter Wahn.
Von Brasilien glänzt bis zu Norwegs Riffen
Das Meer wie schlafender Stahl, der geschliffen.
Trutz, Blanke Hans.

Und überall Friede, im Meer, in den Landen.
Plötzlich wie Ruf eines Raubtiers in Banden:
Das Scheusal wälzte sich, atmete tief,
Und schloß die Augen wieder und schlief.
Und rauschende, schwarze, langmähnige Wogen
Kommen wie rasende Rosse geflogen.
Trutz, Blanke Hans.

Ein einziger Schrei – die Stadt ist versunken,
Und Hunderttausende sind ertrunken.
Wo gestern noch Lärm und lustiger Tisch,
Schwamm andern Tags der stumme Fisch.
Heut bin ich über Rungholt gefahren,
Die Stadt ging unter vor sechshundert Jahren.
Trutz, Blanke Hans?

Textquelle: http://de.wikisource.o
wiki/Trutz,Blanke_Hans

Detlev von Liliencron
Bild: wikipedia, gemeinfrei

Goose Island

Ein verlockendes Angebot

„Gestresst und zivilisationsmüde? Die Schnauze voll von gesellschaftlichen Konventionen? Dann ist Auswandern auf eine einsame Insel möglicherweise das Richtige!"

Anzeige von Tchibo, 2015

Neben einem Pfund Kaffee mal so nebenbei eine Insel kaufen? Diese Zeilen im Internet hatten Robert Rupp angesprochen. Ja, er hatte die Schnauze voll. Vor zwei Wochen hatte ihm sein Chef erklärt, dass seine Abteilung bei New Yorker in Braunschweig mit einer anderen Abteilung zusammengelegt wird, unter Führung seiner Kollegin Amelie Schneider. Warum musste es ausgerechnet Amelie sein, mit der er seit zwei Jahren – nach seiner gescheiterten Ehe – eine Beziehung begonnen hatte. Sicher, Amelie hatte einiges in die Waagschale zu werfen. Sie war noch jung, 37, hatte ihre Abteilung erfolgreich aufgebaut, anscheinend ein Händchen für Personalführung und war zudem attraktiv. Warum gerade sie, die sich für die Karriere und gegen ihn entschieden hatte? Und dann noch dieser Spruch von ihr: „C'est la vie."

,*C'est la vie*'. Sollte wohl Trost sein, klang aber wie Hohn.

Sicher, auch Robert hatte seine Stärken. Aber der Markt hatte sich gegen ihn entschieden, kaufte jetzt bei Zalando und Amazon, direkt ins Haus geliefert. Mit 57 Jahren noch einmal einen neuen Job zu suchen, mit dem Bonus, als Führungskraft gescheitert zu sein. *Das wird schwierig werden. Die*

60.000 Euro Abfindung? Ein Hohn. Und das für fünfzehn Jahre Tätigkeit als Abteilungsleiter und jährliche Erfolgsbilanzen, die sich sehen lassen konnten. Na ja, die letzten zwei Jahre ... Gegen die Kündigung klagen? Die hatten alle keinen Erfolg gehabt, die er kannte und die diesen Weg gegangen waren.

Robert Rupp kannte alle Tricks der Marketing-Macher. Und doch hatten die drei Sätze bei ihm gezündet. Stundenlang surfte er im Internet, schaute sich Inseln an der Küste Kanadas, in den Fjorden Norwegens und vor Kroatien an. Aussteigen, sich auf eine Insel zurückziehen, allein, diese Welt hinter sich lassen, so versprach es die Anzeige, die er dort fand:

Goose Island, Kanada: 60.000 Euro
Inseltyp: Küsteninsel inklusive eines weiteren Inselgrundstücks
Größe: 8093 Quadratmeter
Lage: Halifax County, Nova Scotia, Kanada
Flughafen: Gute Anbindung zum Flughafen in Halifax in Nova
       Scotia, eine Autostunde entfernt.
Aktivitäten: Segeln, Surfen, Wasserskifahren, Baden, Fischen,
       Golfen und ein großes kulturelles Angebot in Halifax
Wohnmöglichkeit: keine, aber Möglichkeiten, zu bauen
Infrastruktur: keine

60.000 Euro ... die Abfindung? Warum nicht. Segeln. Fischen. Abschalten. Vergessen. Keine der Enttäuschungen mehr sehen. Freunde ..., welche? Job weg, die meisten Freunde weg, Familie weg. Was soll mich hier noch halten?
    Robert lag in der folgenden Nacht lange in seinem Bett, spielte alle möglichen Varianten durch, entwickelte Ideen,

verwarf sie, schaute sich immer wieder das Angebot auf dem Smartphone an, wälzte sich hin und her und schlief erst beim Morgengrauen ein. Es war später Vormittag, als er vom Klingelton seines Smartphones geweckt wurde, das auf dem Nachtschrank neben seinem Bett lag. Christian.

Robert: „Wie kannst du mich zu so früher Stunde ...?"

Christian: „Was ist mit dir los? Hast du mal auf die Uhr geschaut? Pennst du etwa noch?"

Robert: „Na ja ... nein, doch ... was willst du?"

Christian: „Dich auf ein Bier einladen, heute Abend. Bei Siggi. Wir haben schon lange nicht mehr geklönt. Ich freue mich, wenn du kommst."

Robert: „Ich weiß noch nicht ..."

Christian: „Nun komm schon, Alter, für 'n Bier und 'nen Schnack. Müssen ja nicht ewig klucken."

Robert: „Na gut! Ja, ich freue mich auch ... Wie immer? Um acht?"

Christian: „Okay, dann um acht."

Christian und Robert hatten schon als Kinder am Mühlengraben Dämme gebaut, viele Jahre zusammen die Schule besucht, in der Kirschallee Kirschen gemopst, waren gemeinsam zur Tanzstunde gegangen und hatten sich dann aus den Augen verloren. Christian war vor zwei Jahren zurückgekommen in sein Elternhaus, nachdem seine Eltern verstorben waren. Als Robert ihn bei der Beerdigung des Vaters dann wiedertraf, hatte er ihn kaum erkannt. Er hatte sich zu seinem Vorteil entwickelt, schlank, groß, sportlich. Nicht nur die grauen Schläfen machten ihn für Frauen interessant.

Immer elegant gekleidet, aufmerksam, zuvorkommend, ein Charmeur halt, fand Robert. Er hatte nicht viel über die letzten vierzig Jahre gesprochen. Robert hatte dann doch bei einem der wenigen „Bierabende" herausgefunden, dass Christian „in Immobilien" wohl ein Vermögen gemacht hatte, wie auch immer. Und sein Appartement in Braunschweig hatte er nicht aufgegeben, als er das Haus seiner Eltern übernahm. Seine Ehe war gescheitert, eine weitere Beziehung ebenfalls. Christian war der einzige verbliebene - wieder zurückgewonnene - Freund, zu dem Robert Vertrauen hatte. Und Christian kannte sich mit Immobilien aus. War das Zufall, dass er gerade jetzt anrief, als Robert dieses Inserat gelesen hatte?

Sie saßen schon über zwei Stunden zusammen, beim dritten oder vierten Bier, philosophierten über Gott und die Welt, über „Charlie Hebdo" und die Flüchtlingswelle, die gerade über Europa schwappte. Robert schien aber immer wieder gedanklich abwesend zu sein, antwortete oft auf Fragen nicht oder wechselte abrupt das Thema. Das kannte Christian von ihm sonst überhaupt nicht und lenkte das Gespräch auf Roberts Familie.

„Hast du noch Kontakt zu deiner Ex, Robert?"

„Ne. Bin ich auch nicht scharf drauf. Die mit ihrer Macke. Beten, beichten, jeden Sonntag zur Kirche ..., dieses Gesumse ist mir auf den Wecker gegangen. Und dann später ihr Weg zur Scientology, heftig, dieser Psychoterror. Brauch ich nicht, will ich auch nicht. Sünden, Vergebung, ein Leben nach dem Tod ... Sorry, gehörst ja auch der Katholiken-

Fraktion an. Oder nicht mehr ...? Glaubst du an all diesen Kram, an ein Leben nach dem Tod? Wie stehst du dazu?"

„Na ja, bei uns zu Hause war es dann doch nicht so schlimm. Bin einfach als Kind mitgeschwommen. Mache mir nichts aus Kirche. Ein Leben nach dem Tod? Keine Ahnung."

Es war schon spät, als Robert anfing, über die Anzeige zu sprechen, die er gelesen hatte. Konnte er Christian fragen? Doch, er konnte.

„Hast du auch schon mal den Wunsch gehabt, einfach abzuhauen, alles hinter dir zu lassen, auf einer einsamen Insel zu dir selbst zu finden?"

„Was ist denn los, Bert? Warum das? Kenn ich ja gar nicht von dir!"

„Nun, ja ..."

Robert schüttete seinem Freund sein Herz aus, erzählte Christian von der Kündigung, dem Zerwürfnis mit Amelie, an die er immer wieder denke und mit der er an eine gemeinsame Zukunft geglaubt hatte, von seinen Kindern, nicht an Kontakt zu ihm interessiert, und, und, und ...

„Stell dir vor, da hab' ich so 'ne Anzeige gesehen. Von Tchibo. Die verkaufen Inseln. Da kriegste schon welche für 60.000 Euro. Einfach so neben einem Pfund Kaffee. Könnte mich reizen ... als Eremit leben ... hier wartet doch keiner und nichts mehr auf mich."

„Bist du sicher, dass du das willst?"

„Och ja ... Nee, eigentlich nicht, ist ja wohl Quatsch, oder? Niemanden, mit dem ich reden kann. Niemand, den ich fragen kann ... Mit den Vögeln quatschen? Mein Haus hier ...? Obwohl, da will ja meine Ex auch noch 'nen Anteil von haben. Die und ihr fieser Anwalt. Nerven mich. Wäre nicht schlecht, wenn ich mich einfach verpiesele. Aber wer weiß, ob die Anzeige nicht auch Fake ist."

„Fake wird das sicher nicht sein, nicht von Tchibo. Aber sonst? Für 60.000 ... Da bekommst du nur ein paar Felsen im Meer. Da kann man nicht leben. Kein Trinkwasser, kein Brunnen, eine Hütte musste dir bauen oder bauen lassen. Baugenehmigung? Lebensmittel? Das ist aber Abenteuer pur, wenn du sowas vorhast. Puh ..."

„Ich weiß ja auch nicht, Christian. Aber hier? Was soll ich hier noch? Alle drei oder vier Wochen mit dir mal auf'n Bier? Oder in irgend so einen Rentnerverein? Das kann es nicht sein. Quatschen doch nur über ihre Krankheiten. Nee, das nicht. Du hast doch Ahnung von Immobilien. Was meinste, ist das hier seriös?"

Robert, sie nannten ihn im Bekanntenkreis nur den *Maurer*, hatte auf dem zweiten Bildungsweg sein Betriebs-wirtschaftsdiplom erworben und die Maurerkelle gegen Wirtschaftlichkeitsrechnungen und Bilanzen getauscht, nach einer Schlägerei mit seinem Polier.

Robert zeigte Christian das Tchibo-Angebot auf seinem Smartphone.

„Ja, diese Angebote kenne ich. Ist ja schließlich mein Job als Immobilienkaufmann, zu wissen, was auf dem Markt los ist. Ich denke schon, dass sie seriös sind."

Sie diskutierten lange bei weiteren Bieren, bis Siggi demonstrativ mit der Reinigung der Tische begann.

Wiedersehen

Ende September 2019, Goose Island, Nova Scotia,
Kanada:
Robert saß auf seinem Bootsanleger und schaute zur gegen-
überliegenden Küste und zum kleinen Hafen von Little Har-
bour. Endlich sah er es, das kleine Taxiboot, mit dem Chris-
tian heute kommen wollte. Christian, mit dem er eine Woche
fischen würde, Lachse, jetzt, wo sie wieder in die Flüsse zum
Laichen wanderten.

*Hoffentlich hat er eine vernünftige Ausrüstung dabei. Und über-
haupt. Ist er fit? Die Bootstouren sind doch recht anstrengend ... nicht
immer spielt das Wetter mit. Ne Wathose? Hat er sich eine Angel-
lizenz beschafft? Hatte ich ihm ja alles geschrieben ...*

Nach weiteren dreißig Minuten machte das Taxi am
Anleger fest. Christian sprang mit einem eleganten Satz auf
den Bootssteg, ließ sich den kleinen Seesack, zwei lange
Angelruten und eine Wathose vom Boot reichen, bezahlte
den Bootsführer und umarmte seinen Freund Robert mit
einem kräftigen Schulterklopfen.

„Mensch, Alter! Das hätte ich nie gedacht, dass ich dich
hier mal besuchen kann! Ich hätte es nie geglaubt, dass du es
wahr machst und dich einfach so davonschleichst. Gut siehst
du aus! Der Bart, das Haar ..., bist schon etwas grau gewor-
den. Ich habe befürchtet, hier einen alten Bären anzutreffen.
Die frische Seeluft tut dir anscheinend gut. Bist richtig
schlank geworden. Ich freue mich."

„Ich freue mich auch. Willkommen in meinem Reich. Wie war der Flug? Wie hast du das überhaupt bis Halifax geschafft? Es gibt doch, soweit ich weiß, keine Direktflüge ab Deutschland."

„Es ging recht gut, Frankfurt, Montreal, dann gleich Anschluss nach Halifax. Von dort mit 'nem Mietwagen …"

„Was gibt's Neues aus der alten Welt? Worüber streitet man in Deutschland und in Europa? Das Merkel? Wie steht's in London? Immer noch Streit zwischen dem Unterhaus und Boris Johnson? Weißt du, einmal die Woche paddele ich rüber, Post holen, einkaufen, Neuigkeiten erfahren. Eigentlich wollte ich von diesem ganzen Theater nichts mehr wissen. So ganz habe ich das Eremitendasein dann doch nicht geschafft. Aber es geht gut ohne Handy und ohne Fernsehen, lebt sich hier ganz angenehm. Haben ja jetzt Zeit, zu schnacken. Komm mit."

Nach einem köstlichen regionalen Whisky, dem Glen Breton, zeigte Robert seinem Freund sein Eiland: den Kartoffelacker, die Gemüsebeete, den Werkschuppen mit Holzlager, das Heulager, einen Unterstand, seinen kleinen Wald … Eine kalte Brise trieb die beiden schnell wieder in Roberts Hütte, die Blockhütte, die er sich auf der Insel errichtet hatte, mit einfachen Werkzeugen wie Axt und Säge, mit viel Muskelkraft und der Unterstützung eines alten Zimmermanns. Die Hütte war klein und bestand nur aus einem Raum von etwa drei mal fünf Metern, mit einem Kamin, einem Herd vor einem der drei Fenster, zwei Schlafnischen, einem rustikalen Tisch aus gehauenen Bohlen und zwei

Hockern. An den Wänden hingen allerlei Gerätschaften und ein Spiegel neben geschnitzten Kleiderhaken. Auf mehreren Regalbrettern standen Töpfe, Flaschen und Gläser und ein Bild. Seinen Lebensmittelvorrat hatte Robert draußen in einem Schuppen verstaut, in dem er einen im Boden eingelassenen, kleinen Eiskeller hatte, den er im Winter mit Eis aus einer Bucht von Goose Island befüllte. Schnell hatte Robert nach dem Rundgang das Feuer im Kamin angezündet und den Herd angefeuert. Auf dem Herd stand ein Topf, in dem nach einigen Minuten eine Suppe langsam vor sich hin köchelte, eine klare Fischsuppe mit Lachsstreifen, zahlreichen Kräutern und Zwiebeln.

„Sag mal, Robert, das Bild von Amelie? Ich denke, du hast Schluss gemacht?"

„Hab' ich auch. Sowas Hinterlistiges. Fragt mich aus, macht dann mit ihrem Chef rum, plappert mein Wissen weiter und macht Karriere. Aber dann hat sie mir geschrieben, vor zwei Jahren etwa, und mir dieses Bild geschickt. So'n Brief mit ganz viel Herz, Schmerz und Bedauern und so'n Gesumse und ob wir die Freundschaft nicht wieder aufleben lassen könnten. ‚Beziehung' hat sie, wie mir scheint, bewusst vermieden. Meine Adresse hatte sie wohl von dir, wie sie schrieb. Was soll's. Hab ihr geschrieben, dass es eine schöne Zeit war mit ihr, dass ich jetzt aber meinen Weg gefunden habe. Kann gern zu Besuch kommen, wenn sie auf Luxus verzichten kann. Ich warte allerdings noch auf 'ne Antwort. Ich glaube, ich werfe das Foto mal ins Feuer."

„Goose Island, Bert? Gibt es hier Gänse? Und dann hast du da noch einen Krug mit Milch?"

„Emma, Frieda und Johanna. Die kommen nachher zur Hütte, wollen gemolken werden. Thüringer Waldziegen, von einem Züchter auf dem Festland. Die kennen dich schon. Hab denen von meiner Kindheit und von dir erzählt. Die haben dann immer ganz andächtig zugehört. Ich glaub' die mögen Geschichten. Und die Gänse fliegen heute Abend wieder zum Schlafen ein, Kanadagänse, so 50 bis 100. Kein Fuchs, kein Marderhund. Die wissen schon, wo sie sicher sind ... Na ja, fast sicher. Im Herbst stelle ich mal ein paar Wochen eine Netzfalle auf. Du weißt schon, ein bisschen Wintervorrat. Und eine füttere ich dann immer noch bis Weihnachten. So'n schöner Weihnachtsbraten ... und dann einen leckeren Whisky hinterher. Die drei Ziegen liefern mir mehr, als ich verbrauchen kann. Verkaufe einmal im Monat Ziegenkäse in Little Harbour. Es lässt sich schon gut leben hier, wenn man sich mit der Natur arrangiert. Ich habe allerdings auch einiges an Lehrgeld gezahlt. Stürme und so und einige Fehlversuche. Was soll's. Einzig Wasser ist schwierig. Habe mal versucht, 'nen Brunnen in den Felsen zu hauen. Hoffnungslos. Nun kommt einmal im Monat ein Wassertaxi und füllt mir meinen Trinkwassertank voll. Falls du morgen früh duschen willst, kannst du vergessen. Ein Bad nackt im Meer und dann kurz mit Regenwasser abspülen ... Ist zwar recht kalt, aber herrlich. Möchtest du noch 'nen Whisky? Ich muss mich um die Suppe kümmern."

Robert hatte die Fischsuppe ein wenig zur Seite gezogen und würzte sie mit allerlei Kräutern und einer Prise Salz. Christian hatte seinen Whisky genommen und war nach draußen gegangen. Es war kälter geworden, aber das störte ihn nicht. Er händelte am Smartphone herum, kein Empfang. Er sog die frische Meeresluft tief ein und ging herunter zum Anleger. *Auch hier kein Empfang, zu blöd!* Aber er hatte ja die Taschenlampe. Da es langsam dunkel wurde, müsste man am Festland seine Lichtsignale sehen können.

Als Christian zur Hütte zurückkam, standen Emma und Frieda bei Robert, während Johanna gemolken wurde. Eine ordentliche Portion Milch hatten die drei abgeliefert. Zum Lohn bekam jede von ihnen eine Scheibe trockenes Brot.

„Magst du frische warme Ziegenmilch?"

Christian schüttelte sich. Als Kind hatte er bei Oma Else immer wieder Ziegenmilch trinken müssen; Oma duldete keinen Widerspruch.

„Ich trinke nach jedem Melken ein Glas. Hier, probier mal."

Robert reichte Christian ein Glas Milch. Christian musste sich überwinden, von der Milch zu trinken, wollte jedoch Robert keinen Korb geben.

„Milch hält mich fit, ist wie Medizin hier draußen, hilft auch gegen Schnupfen, Husten und alle möglichen Wehwehchen."

Robert konnte Christian anscheinend nicht überzeugen, denn der stellte das fast noch volle Glas ab.

Während Christian zum Anleger gegangen war, hatte Robert den Tisch schon gedeckt und einige Kerzen und Öllampen angezündet. Eine herrlich duftende Fischsuppe, dazu selbstgebackenes Brot, Ziegenbutter, Ziegenkäse, leckerer Schinken von Gänsekeulen, frisch gebeizter Lachs, dazu einen Kräuter-Holunder-Tee und ein weiteres Glas Glen Breton standen auf dem Tisch.

„Ich staune! Das sieht ja alles verdammt lecker aus und riecht so herrlich. Und das hast du alles selbst gemacht? Wo du dich doch früher nur von Burger, Pommes und Pizza ernährt hast! Chapeau!"

„Danke, Christian! Lass uns essen. Guten Appetit."
Nach dem Essen war es Robert, der Christian mit Fragen überhäufte.

„Wie geht es meiner Frau und meinen Kindern? Hast du von ihnen mal wieder was gehört? Und was macht mein Haus? Konntest du es verkaufen?"

„Eins nach dem anderen ..."
Robert und Christian hatten sich vor den Kamin gesetzt, während Christian berichtete. Ja, sein Haus hatte er verkauft, vor zwei Monaten. Das Geld müsste bald auf Roberts Konto sein. Leider hätte das Inventar nicht viel gebracht, das meiste wollten die Käufer auf den Müll werfen. Seine Frau und seine Kinder? Die wären wohl aus Braunschweig weggezogen, nachdem seine Frau ihren Anteil des Hauses bekommen hatte. Wohin wisse er nicht.

„Was machst du eigentlich mit dem vielen Geld? Das Haus, deine Rücklagen. Du brauchst doch hier kaum was."

Während er sprach, überreichte er Robert einen Umschlag. „Der Kaufvertrag und all der bürokratische Kram, der dazugehört. Mit deiner Ex und ihrem Anwalt konnte ich einen Vergleich erzielen. Wollte nicht in dein Haus ziehen und dich auszahlen. Hat dann die Kröte, die ich serviert habe, geschluckt. Ist noch einiges für dich übriggeblieben."

„Danke Christian. Dein Honorar, war das okay?"

Christian nickte.

„Nochmals danke! Da meine Kinder nichts von mir wissen wollen, werde ich es wohl dem WWF vererben, falls was übrigbleibt. Man weiß ja nie, was bleibt, auch Naturburschen werden mal krank, und dann kann's teuer werden. Na ja, meine Lebensversicherung hab' ich ja auch noch."

Robert hatte noch einmal vom Glen Breton eingeschenkt und weiter nach Braunschweig und dem Leben dort und in Deutschland gefragt. Dabei erfuhr er von Christian, dass die Flüchtlingsfrage wohl weitgehend gelöst sei. Na ja, und dann wäre er sich nicht sicher gewesen, ob seine Nachricht, dass er ihn besuchen wollte, überhaupt angekommen sei. Während Christian erzählte, hörten sie das Brummen eines Motorbootes.

„Erwartest du noch Besuch, Robert?", hatte Christian scheinheilig gefragt.

Nein, Robert erwartete keinen Besuch. Aber den Motorgeräuschen wollte er doch nachgehen und ging raus zum Bootsanleger. Tatsächlich legte dort wieder das Wassertaxi an, und von Bord kletterte ... Amelie, hell angestrahlt vom Scheinwerfer des Wassertaxis.

„Mensch, Robert! Wie habe ich mich nach diesem Augenblick gesehnt", stürmte sie Robert entgegen und stürzte sich in seine Arme. „Wie konntest du einfach abhauen, ohne noch einmal mit mir zu sprechen!"

Robert war sprachlos. Nein, das konnte nicht sein, dass da etwas wieder in ihm aufflammte. Das Leben in der Einsamkeit hatte ihn gehärtet. Nun aber liefen Tränen über seine Wangen.

„Ich wollte dich unbedingt sehen, aber ich werde nicht über Nacht bleiben. In Little Harbour hatte ich mich erkundigt, wie du hier lebst. Was sagen sie zu dir? Foreman? Scheinen dich zu bewundern auf deiner Insel. Weiß von denen, dass nur Platz für zwei in deiner Hütte ist. Aber schau mal, ich habe einen Champagner und vier Gläser mitgebracht. Ich würde gern auf unser Wiedersehen mit dir und Christian anstoßen und den Taxifahrer würde ich auch mitnehmen, damit er mir hier draußen nicht erfriert. So in zwei Stunden wollen wir wieder zurück."

So war Amelie, und so mochte und verfluchte Robert sie. Sie war voller Überraschungen, und wenn sie redete, hatte er keine Chance, zu widersprechen. Schnell gingen dann die zwei Stunden in Roberts Hütte vorüber. Amelie verabschiedete sich von Robert und drohte, mindestens jeden zweiten Tag zu ihm auf die Insel zu kommen, Ziegen zu melken und Christian und Robert bei ihren Angeltouren zu begleiten.

Ziegen ... Hätte Robert doch nicht die Ziegen erwähnt. Dann müsste Amelie auch noch bei ihm auf der Insel übernachten, denn die Ziegen wollen morgens und abends gemolken werden. Das musste Robert ihr unbedingt ausreden.

Als Amelie wieder zurückgefahren war, quatschten die beiden Freunde noch lange am Kaminfeuer.

„Was meinst du, Robert? Wann können wir auf Lachse gehen?"

„Hast du den Angelschein?"

„Ja."

„Ich muss sehen, wie das Wetter ist, dann müssen wir spontan entscheiden. Eigentlich ist es noch zu früh, die Lachse ziehen erst Anfang Oktober, aber vielleicht haben wir ja Glück."

„Blöd, dass wir hier keinen Handyempfang haben. Meine Wetter-App ..."

Robert war aufgesprungen, gestikulierte mit Händen, Armen, seinem ganzen Körper, fiel ihm barsch ins Wort, schleuderte ihm die Worte mit Wucht entgegen: „Was denkst du eigentlich, Christian, weshalb ich nichts mehr von diesem Technikscheiß wissen will? Ich muss Wetter riechen, fühlen und schmecken, den Himmel und die Wolken sehen. Dann kann ich dir sagen, wie das Wetter wird. Und was sagt die App über Wellengang und Strömungen? Windrichtung? Die Tide, bis acht Meter in der Bucht von Little Harbour? Du hast nur Erfolg beim Angeln des Lachses, wenn du die Gezeiten nutzt. Sie kommen mit der Flut in den Prielen flussaufwärts, stehen vorher ein paar Tage in der Flussmündung, um sich an das Süßwasser zu gewöhnen. Da musst du dann stehen, am Flusseinlauf, mit deiner Angel."

Robert war sauer. Da brach Christian einfach so in sein Leben ein, nein, der hatte sich kein bisschen auf den Besuch auf Goose Island vorbereitet. Da war er wieder, der Auskenner, der schon zu Schulzeiten den ‚Durchblick‘ hatte. Obwohl er immer wieder auf die Nase gefallen war, brach es bei ihm durch, das Wissen, ohne etwas zu wissen. Was hatte er sich dabei gedacht? Wo hatte er seine Augen, als sie über die Insel gegangen waren. Ihm hätte doch auffallen müssen, dass die Insel minütlich größer wurde, immer mehr Felsen aus dem Meer auftauchten, halt Ebbe ... Bei seinen Mitschülern galt Christian damals als berechnend, listig. Da hatte er schon mal Klassenkameraden falsche Hausaufgaben-Lösungen angeboten, um dann mit seinen richtigen besser vor dem Lehrer zu glänzen. Zum Glück nicht gegenüber Robert. Bert, wie er Robert gelegentlich nannte, war für ihn immer ein Kumpel, dem er auch mal ein Geheimnis anvertrauen konnte, ein verlässlicher Freund. Daher war Robert froh, Christian den Verkauf seines Hauses anvertraut zu haben. Er hatte dieser Welt in Braunschweig den Rücken zugekehrt, für immer. Warum musste Christian den erfolgreichen Verkauf des Hauses jetzt so zelebrieren? Da hätten ein paar Zeilen zusammen mit dem Kaufvertrag gereicht. Und dann Amelie im Schlepptau! Nein, Amelies Interesse galt nicht Robert. Er würde es schon noch herausfinden.

„Sorry Robert ..., ich bin wohl noch nicht richtig angekommen.“

„Schon gut. Dort, wo wir es versuchen werden, ist eine Engstelle, da beißen sie am besten. Auf dem Rückweg kann ich ja dann im Hafen noch tanken. Mein Boot, nur ’ne Nussschale, ist nicht sturmtauglich. Eigentlich benutze ich das Boot nur, wenn größere Einkäufe anstehen oder wenn ich 'nen Ziegenbock zur Insel hole."

„Ziegenbock?"

„Morgen, dann kannst du Henry kennenlernen. Bleiben wir bei der Angeltour. Benzin hier auf der Insel zu bunkern, lohnt für die wenigen Motorbootfahrten nicht. Sonst bin ich meist mit meinem Kajak unterwegs, Post holen in Little Harbour, ein wenig fischen vor meiner Insel. Wir sollten uns für unsere Angeltour unbedingt schönes Wetter aussuchen, dann verspreche ich dir einen traumhaften Ausflug. Indian Summer, du weißt schon ..."

Christian: „Weißt du noch, unsere ersten Fischzüge, als wir Forellen im Mühlengraben gefangen haben mit unseren selbstgebauten Keschern und wie der alte Müller mit dem Knüppel auf uns los ist. Das muss 68 oder 69 gewesen sein."

Robert: „Mein Vater hat mir kräftig den Arsch versohlt. Furchtbar, der alte Müller und seine Petzerei ... Was machst du mit deinen gefangenen Lachsen? Den frischen Fang mit nach Deutschland nehmen, geht wohl nicht. Und geräuchert halten sie sich auch nicht viel länger."

Christian: „Ich denke, in Little Harbour gibt es einen Fischhandel. Soweit ich weiß, verschicken sie auch die Fische. Wenn ich meine Lachse bei denen lasse und die mir dafür einmal im Monat ... Ist eine verrückte Idee. Wenn die nicht wollen, muss ich dir den Fang hierlassen."

Robert: „Nee, das schmink dir mal ab. Ich will doch nicht wochenlang Lachse essen."

Christian: „Was meinst du, können wir Amelie in Little Harbour mit an Bord nehmen, wenn wir da sowieso vorbeikommen?"

Robert: „Und dann liegen wir eine Stunde im Hafen, weil Madame sich erstmal herrichten muss? Blöde Idee von ihr, mitkommen zu wollen. Wie gesagt, mein Boot ist eigentlich nur für mich ausgelegt. Drei Leute an Bord, das geht bestimmt schief. Und überhaupt, weiß die, worauf sie sich da einlässt: zappelnde Fische an Bord ziehen, erschlagen, entschuppen, ausnehmen, all diese Manscherei?"

Christian: „Ich hatte es ihr doch versprochen ..."

Robert: „Schmink dir das ab, nicht mit mir! Die kann aber auch Männer um den Finger wickeln ... Ich will jetzt schlafen."

Robert und Christian hatten sich nichts mehr zu sagen. Sie verkrochen sich wortlos, jeder in seine Schlafnische, ein einfaches Strohlager, abgedeckt mit ein paar Ziegenfellen als Unterlage und einem ,Deckbett', bestehend aus dem nackten Inlett, gefüllt mit Gänsedaunen, die Robert auf seiner Insel gesammelt hatte. *Komisch,* Robert grübelte noch einige Zeit auf seinem Bettlager, *was läuft da zwischen Amelie und Christian? Was spielt Amelie mir vor? Diese Begrüßung ... war die echt? Und Christian ..., warum hat er mir verschwiegen, dass er ...? Nein, Alter, positiv denken. Wird schon okay sein ...*

Fliegenfischer

Als Christian am nächsten Morgen erwachte, war Robert schon bei seinen Ziegen, die ihn mit ihrem Meckern früh geweckt hatten. Als er vor die Tür trat, wurde er von Frieda freundlich begrüßt. Sie leckte ihm die Hand und forderte ihn auf, sie hinter den Hörnern zu kraulen. Immer wieder streckte sie ihm ihren Kopf entgegen.

„Hast du gut geschlafen?", fragte ihn Robert.

Eigentlich nicht, es schläft sich beschissen auf dieser alten Strohmatratze. Doch das kann ich Bert nicht sagen.

„Ging so."

Christian war ein Morgenmuffel. Jetzt brauchte er eine Zigarette und einen Kaffee, um in Gang zu kommen.

„Wir sollten gleich frühstücken. Das Wetter sieht gut aus, die Tide passt. Ideales Wetter für eine Angeltour. Mach doch mal schnell Feuer für einen Tee!"

„Haste denn keinen Kaffee?

Robert unterbrach ihn: „Noch nicht munter? Da weiß ich ein Mittel. Spring einfach mal unten in der Bucht ins Wasser. Danach bist du fit wie ein ..."

Christian war schweigend wieder in die Hütte gegangen, hatte Feuer im Herd gemacht, den Wasserkessel aufgesetzt, sich dann ein Handtuch aus seinem Seesack gezogen und kam, nur das Handtuch um die Hüfte gebunden, wieder aus der Hütte.

Brrr, verdammt kalt. Höchstens zehn Grad. Mal sehn, wie warm das Wasser ist.

„Ich geh' dann mal. Feuer habe ich gemacht, Wasser ist aufgesetzt."

Gar nicht schlecht, so ein Bad im Atlantik am frühen Morgen. Hatte nicht gedacht, dass das Wasser so warm ist.

Als Christian wieder zurück in die Hütte kam, war der Frühstückstisch schon gedeckt. Warme Ziegenmilch, zwei große Gläser, Ziegenquark mit Blaubeeren – heute frisch hinter der Hütte gesammelt, so Robert – und Ziegenbutter. Zum Glück gab es auch eine Portion Räucherlachs und Himbeermarmelade zum selbstgebackenen Brot und wieder den Holunder-Kräutertee, den er gestern schon probieren konnte. *Nee, Ziegenmilch brauch' ich wirklich nicht.* Christian überspielte seine Abneigung, indem er, entgegen seiner Ge- wohnheiten, ein Gespräch anfing.

„Das Wasser war gut, wirklich gut. Wie spät ist es eigent- lich? Meine Uhr? Ich habe sie gestern in den Seesack ge- steckt. Da muss ich erst mal tauchen."

„Eine Uhr? Die brauche ich nicht, Gott sei Dank. Meine Uhr ist der Himmel, die Sonne, der Mond, die Sterne, die Schatten der Bäume. Und überhaupt. Was soll ich hier mit 'ner Uhr. Hab meine verkauft, als ich hier angekommen bin."

Robert nahm einen kräftigen Schluck frische Ziegenmilch und schaute erwartungsvoll zu Christian. Der zögerte.

„Na, nun nimm mal einen ordentlichen Schluck! Wirst sehn, der macht dich fit. Besser als jeder Kaffee."

Ziegenmilch, grausam. Warum quälte Bert mich? Will ihn nicht vor den Kopf stoßen ... Christian nahm einen Schluck, dann noch einen und am Ende des Frühstücks war das Glas leer. *Doch nicht so schlecht! Komisch, hier draußen schmeckt die.*

Nach dem Frühstück machte Robert einen kurzen Kontrollgang über die Insel und ließ Henry, den Leihziegenbock, aus seinem Verschlag. Henry begrüßte Emma, Frieda und Johanna freudig und nahm gleich mal eine Geruchsprobe, ob sie paarungsbereit wären. Das schien nicht so zu sein, so dass er genüsslich die frischen grünen Kräuter der Wiese rupfte und in seinem Maul zermalmte.

„Henry ist zwei Wochen hier zu Gast", so Robert zu Christian. „Das ganze Jahr einen Bock bei den Ziegen, das wird nichts. Der jagt die nur umher und dann geben sie keine Milch mehr. Der Züchter, von dem ich meine ersten Ziegen bekam, hatte mir angeboten, immer zur Brunftzeit bei ihm einen Bock auszuleihen. So kommt es auch nicht zur Inzucht. Ist natürlich immer ein Drama, den Bock mit dem Boot hierher zu holen. Der ist aber auch zu blöd. Statt sich auf den Boden zu legen, zerrt der wie wild am Strick und schaukelt das Boot so noch richtig auf."

„Wie viele Lämmer, oder sagt man hier Zicklein, bekommt so eine Ziege, Robert?"

„Meist zwei, manchmal auch drei. Die sagen hier „goat lambs" oder nur „Kids", nicht sehr originell. Aber Zicklein, das find ich schön."

„Und was machst du mit den Zicklein?"

„Na ja, von den Lämmern kommen die Böcke dann in die Pfanne. Einige Braten wandern auch in den Eiskeller. Übrigens, ich bleibe lieber bei „Lämmer", da fällt mir das

Schlachten leichter. „Kids"? Kinderschlachter ..., nein. Und die Zicken, wenn sie gut gebaut sind, behalte ich sie zur weiteren Zucht. Dann muss mal eine alte Ziege dran glauben."

„Und du murkst die eigenhändig ab? Das Fell abziehen, ausnehmen, zerteilen? Kannst du das alles? Gestern hast du das Tier noch gestreichelt, ihm hinter den Hörnern den Kopf gekrault. Und dann das Messer an den Hals und ...? Kannst du dann noch von dem Fleisch essen?"

„Deine Oma hatte doch auch Ziegen. Hast du da nie Ziegenbraten oder Bockwürstchen bekommen? Und Ziegenmilch?"

„Wenn es Ziegenbraten gab, hab' ich nie was bei ihr gegessen. Und die Ziegenmilch, grausam. Da hab' ich einen großen Bogen drum gemacht."

„Ich habe einen guten Kontakt zum Züchter. Ab und zu nimmt er mir mal ein Lämmchen ab, Naturalzahlung für den Bock. Er hat mir einiges zur Ziegenzucht beigebracht. Und er hat mir gezeigt, wie man Tiere tötet, ohne dass sie leiden ..."

Christian lief ein Schauer über den Rücken bei dem Gedanken, von Frieda einen Schinkenbraten serviert zu bekommen.

Schnell hatten Robert und Christian ihre Angelruten und Kescher gepackt, die Wathosen und ein Stück Brot, einen Käse und eine Kanne Tee im Boot verstaut. Robert hatte seine Wathose im Geräteschuppen liegen, noch aus der Zeit, als er sein Eiland erobert hatte und Arbeiten im Küstenwasser erforderlich waren. Der Außenbordmotor brauchte etwas Zuspruch, bis er ansprang. Bert konnte Christian überzeugen, dass sie bei Motorausfall nicht aufgeschmissen wären und zeigte auf die Paddel, vier Stück. Die See war ruhig und die Überfahrt nach Little Harbour angenehm. Auf halber Strecke fing Christian an, mit seinem Smartphone zu hantieren.

„Was hast du vor?", wollte Robert wissen.

„Nun, Amelie anrufen ... Verdammt, immer noch kein Netz. Der Akku. Der ist bald platt. Warum hast du auch keinen Strom auf deinem Eiland?"

Robert war sauer. Hatte er sich doch ausdrücklich dagegen ausgesprochen, Amelie mitzunehmen, nicht etwa, weil er vielleicht noch eine alte Rechnung offen gehabt hätte, nein, es war gefährlich. Die starke Strömung der Gezeiten, die sich ständig ändernden Flussmäander in der Bucht und, und, und. Das wollte er Christian aber nicht vorab verraten. Das hätte sicher umfangreiche Diskussionen mit dem *Auskenner* gegeben, ob und warum ... Und schließlich musste Robert herausfinden, warum Christian wirklich gekommen war.

„Auf Amelie beim Angeln habe ich überhaupt keinen Bock. Hast du das nicht geschnallt? Die denkt, das ist eine Spaßtour, so wie ich sie verstanden habe. Ich drehe um. Dann kannst du ja allein mit ihr losziehen. Mein Boot kannst du dafür haben."

Christian wich trotz der Enge im Boot bei Roberts Reaktion zurück und bewegte die Arme beschwichtigend nach unten, so als wolle er einen Deckel auf einen Topf drücken.

„He Alter, warum so barsch? Amelie weiß, worauf sie sich einlässt. Ich habe vor unserer Abreise ausführlich mit ihr darüber gesprochen. Im letzten Jahr haben wir ein Survival-Training mitgemacht, im Harz, war so 'ne Idee von Amelie. Ich denke, sie ist kein Risiko. Also, ich rufe sie an. Okay?"

Da ist er wieder, der Auskenner. Es kotzte mich an, schon immer, schon in der Schulzeit hat's mich genervt, wenn Christian diese Tour ritt. Warum ist er in mein Leben eingedrungen? Warum hat er Amelie mitgebracht? Jetzt ist er dabei, meine gefundene Ordnung, meinen Lebensplan zu beschädigen. Gern würde ich jetzt Christian im Hafen absetzen und zurückfahren nach Goose Island.

Robert gab nach längerem Zögern nach, wobei ihm nicht wohl war bei dem Gedanken, Amelie mit an Bord zu haben. Christian hatte Amelie dann irgendwann mit seinem Smartphone erreicht. Sie wartete schon am Hafen, fesch gekleidet im Outdoor-Look, als die beiden in Little Harbour ankamen. Robert hatte Schwierigkeiten, sein Boot an der Hafenmauer festzumachen, so stark war die Strömung des ablaufenden Wassers und so tief war der Wasserspiegel schon abgesunken. Daher musste Amelie eine der Leitern herunterklettern, um auf das Boot zu kommen. Schnell war sie an Bord gesprungen mit ihren quietschgelben Gummistiefeln, hatte ihren Rucksack unter die vordere Sitzbank verstaut und überfiel Robert und Christian sofort mit vielen Fragen und belanglosem Smalltalk. Jetzt reichte es Robert.

„Kannst du mal die Klappe halten, Amelie? Damit euch das klar ist, dies ist keine Vergnügungsreise. Wir haben hier mit einer starken Tidenströmung zu kämpfen, mit diesem kleinen Boot nicht einfach. Überall sind Felsen versteckt, teilweise nur wenige Zentimeter unter der Wasseroberfläche.

Wenn wir da draufknallen, dann war es das, dann reißt uns die Strömung mit, dann holen sie uns als Leichen aus dem Atlantik. Das Boot, für den Außenborder eigentlich überladen. Der muss mächtig arbeiten gegen die Strömung, und wir sind ja auch keine Leichtgewichte ... Also, ich sage, wo es langgeht und keine Diskussionen. Sonst drehen wir sofort um. Setzt euch nebeneinander auf das vordere Brett und zappelt nicht rum. Wenn das Boot kippt, ist's aus. Noch zehn Minuten, dann sind wir raus aus dem Tidensog und den Stromschnellen. Wir werden dann an der Mündung von The Drain unser Glück versuchen. Und ihr könnt eure Smartphones im Boot lassen, denn da gibt's keinen Empfang. Ist ja für euch kein Problem nach dem Survival-Training, auch mal ohne Telefon", schloss Robert ironisch seine Ansage ab. Solch einen Kommandoton, wie lange hatte er das nicht mehr gemusst. Ein paar kurze Sätze beim wöchentlichen Trip zur Poststation oder zum Markt, das war alles. Und das war gut so. Er fand, die Menschen redeten zu viel und sagten sich zu wenig. Und jetzt Amelie und Christian. Nein, ihre Welt war nicht mehr seine Welt. Wenn sie das doch nur begreifen würden.

Im Boot herrschte Stille. Niemand wollte Robert widersprechen, nachdem das Alu-Boot zweimal kurz nacheinander leicht über Felsen geschrammt war. Der Außenborder knatterte hochtourig, hatte erhebliche Mühe, das Boot gegen den Strom flussaufwärts zu treiben, und stotterte immer mal wieder. Nach einiger Zeit, es waren deutlich mehr als zehn Minuten, war das Boot in ruhigeres Fahrwasser gekommen, der Priel wurde schmaler, und bald ging es mit dem Boot nicht weiter. Bis zum mit Ahorn, Birken und Eichen bewachsenen Ufer waren es etwa zweihundert Meter, als Robert das Boot auf eine Kiesbank setzte. Die Bäume hatten ihr buntes Kleid angezogen und leuchteten freundlich gelb und rot in der Morgensonne.

„Ende, aussteigen. Bis zum Ufer und zur Mündung müssen wir zu Fuß, geht barfuß am besten ..., oder in Wathosen."

Robert hatte das Boot auf eine Kiesbank gezogen.

„Das glaub' ich jetzt nicht, habe mir extra lange Gummistiefel gekauft und soll jetzt ...", meckerte Amelie, während sich Robert und Christian ihre Wathosen anzogen.

„Amelie, nicht 'rumdiskutieren. Spätestens nach zehn Metern schwappt das Wasser oben rein in deine Stiefel. Hättest dir eine Wathose kaufen sollen. Habt ihr das bei eurem Survival-Training nicht gehabt? Kannst natürlich auch im Boot sitzenbleiben", hatte Robert mit ironischem Unterton Amelie unterbrochen.

Robert schnappte sich ein Seil, das aufgerollt im Boot lag und dort verknotet war. Christian schaute ihn fragend an.

„Wenn die Flut kommt. Will nachher nicht schwimmen, um ins Boot zu kommen."

Die Männer schulterten ihre Angelruten und ihre Taschen mit Blinkern, Rollen und Werkzeug, falls eine Reparatur erforderlich werden würde. Amelie hatte ihre Hose hochgekrempelt, ihren Rucksack geschultert und stiefelte mit der großen leeren Box, die Robert Amelie zugeteilt hatte, hinter Robert und Christian hinterher, leise fluchend, wenn wieder einmal das Wasser über die Knie gegangen war und die Hosenbeine nass wurden.

Während die Männer sich absprachen, wo sie ihre Angeln auswerfen wollten, stand Amelie gelangweilt mit der Box daneben.

„Traust du dich, die Fische auszunehmen?"

„Nee, Robert, das ist nicht mein Ding. Macht das mal selbst."

„Willst du es auch mal versuchen?" Christian hielt Amelie demonstrativ die Angel hin. „Nein. Ist auch nicht mein Ding. Wo soll die Box hin?"

Robert nahm ihr die Box ab und stellte sie auf einen Felsen in der Nähe.

„Ich werde meine neue Kamera ausprobieren, mal ein Stück am Ufer entlanggehen und die warme Septembersonne genießen, Beeren sammeln, euch beim Angeln zusehen, in dieser herrlichen Landschaft ein wenig meine Seele baumeln lassen und hoffentlich ..."

Während sie das sagte, wandte sie sich ab und stakelte über Kiesbänke und Felsen zur Uferböschung. Ihre letzten Worte verschluckte das Rauschen des Flusses.

„Sei bitte vorsichtig", rief Robert ihr nach, „hier gibt es Braunbären. Die mögen besonders gern Lachse. Wenn sie sich bedroht fühlen, greifen sie aber auch Menschen an. Bleib bitte immer in Sichtweite!"

Ob Amelie alles verstanden hatte? Robert und Christian befestigten die Blinker, glänzende filigrane Metallplättchen mit bunten Federn daran, am Haken und warfen die Köder aus. Sie hatten schon viele vergebliche Wurfversuche gemacht, bis der erste Lachs biss. Als die Flut das Wasser langsam wieder in den Fluss drückte, hatten die beiden größeren Erfolg und in kurzer Zeit mehrere Lachse gefangen. Sie hatten die Angelrute gegen ihre 'Fliegenrute' ausgetauscht. Fliegenfischen! Der Traum eines jeden Anglers.

„Eigentlich ist das großer Blödsinn, was wir hier machen, Christian. Was wollen wir mit den Lachsen. Die können wir nie allein essen. Nur unseren Spaß haben? Den Bären die Nahrung nehmen? Lachskaviar essen und die Lachspopulationen verringern? Wir sollten die Weibchen lieber wieder vom Haken lassen und uns auf die männlichen konzentrieren, die mit dem Laichhaken."

„Was soll das, Robert? Die Bären machen da auch keinen Unterschied, im Gegenteil. Das sind Feinschmecker. Die lieben Lachseier. Und die zwei Weibchen, die wir in der Box haben ..."

Wieder dieser Auskenner, dachte Robert und konterte: „Wir sind aber keine Bären und wir haben verdammt noch mal auch eine Verantwortung für das, was wir tun. Außerdem: Mein Eisvorrat reicht nur für meinen eigenen Bedarf. Und deine Idee, dir die Lachse monatlich zuschicken zu lassen, findest du die brillant? Das ist doch wie Erdbeeren im Januar ... Die Energiebilanz ..., hast du mal darüber nachgedacht? Und überhaupt, hast du dich mal umgesehen? Was wir alles machen, nur weil wir es können: Klonen von Lebewesen ... bald auch von Menschen, gentechnische Veränderungen, auch bei Lachsen! Wie wir die Wissenschaft missbrauchen! Manche argumentieren sogar mit dem christlichen Glauben für diese Ausbeutung. ‚Und Gott segnete sie und sprach zu ihnen: Seid fruchtbar und mehret euch und füllet die Erde und machet sie euch untertan.' Nein, Christian! Ich hatte viel Zeit auf Goose Island. Ich habe viel nachgedacht, über mich, über uns, über die Menschen. Viel gelesen. Ich liege mit Gott – welcher ist überhaupt der richtige? – im Zwiespalt, mit der Menschheit, mit uns. Mit unserer Wegwerfgesellschaft."

Christian wollte Roberts Argumenten nicht folgen und lenkte die Diskussion wieder aufs Angeln. Während sie immer wieder ihre Fliegen auswarfen, diskutierten sie lange über den ‚Spaß' des Fischens, die Braunbären und ihre Vorliebe für Lachskaviar, das Beizen und Räuchern von Lachs.

Dann wechselte Christian das Thema. „Energiebilanzen ... Dieser Tidenhub hier ..., ideal für ein Gezeitenkraftwerk, zum Beispiel in Little Harbour. Da ließe sich so viel Strom erzeugen ... Grüne Energie! Keine Abgase, kein Atommüll ... Ich habe da ein paar betuchte Investoren an der Hand, die würden sicher ..."

Robert war empört. „Habt ihr denn immer noch nicht gelernt? Geht es euch immer nur um Profit? Merkt ihr nicht, was ihr der Umwelt und den folgenden Generationen antut? Nur damit ihr euch einen Zweitkühlschrank, eine Klimaanlage, drei Fernseher, einen SUV, ein Cabrio als Zweitauto und ein Telefonnetz leisten könnt, mit dem ihr immer und überall erreichbar seid, Selfies durch die Gegend schickt und euren Spaß habt? Das Fliegenfischen, so wie heute, kannst du dir dann schenken. Die quetschen sich nicht durch eure Turbinen, die Lachse. Und über Fischtreppen, vorbei am Kraftwerk? Vielleicht. Vielleicht ein paar Lachse, aber nicht mehr diese Wanderung. Und wenn dann die Junglachse zurück ins Meer ziehen? Dann müssten sie ja auch wieder über die Treppe. Wie soll das gehen?"

Christian verteidigte die technischen Errungenschaften und hob die Wissenschaft und Forschung hervor, deren Erkenntnisse zu Wohlstand und Fortschritt geführt hätten. Während sie diskutierten, hatten sie keine Gedanken mehr an Amelie gehabt und erschraken, als sie kreischend aus dem Wald gelaufen kam, gefolgt von einem jungen und etwas tollpatschigen Braunbären. Reflexartig eilte Robert zur Fischbox, nahm einen Lachs heraus und warf ihn seitlich abseits von Amelie dem Bären entgegen. Der Bär ließ sich davon ablenken, schnappte sich den Lachs und begann, ihn genüsslich zu verzehren. Amelie war, am ganzen Körper zitternd, bei den beiden Anglern angekommen.

„Hattest du meine Warnung vorhin nicht gehört?", schnauzte Robert Amelie an. „Sei froh, dass das nur ein Jungbär war. Der hätte dir nichts getan, wenn du stehengeblieben wärst und ihn angebrüllt hättest. Wenn du allerdings auf die Alte getroffen wärst, ich weiß ja nicht ... Ich schlage vor, du setzt dich ins Boot. Wir müssen hier bald aufhören, das Wasser steigt jetzt doch recht schnell. Wir versuchen es dann noch einmal vom Boot aus. Willst du es nicht doch einmal versuchen, auch zu angeln?"

Amelie schüttelte den Kopf und zitterte noch am ganzen Körper, als sie in das Boot kletterte. Die Septembersonne leuchtete die Flussmündung wie eine Bühne aus – Indian Summer, wie in den vielen bunten Reiseprospekten. Da musste die Kamera dann doch noch einmal aus dem Rucksack. Solch herrliche Motive und mit ihr auf der Bühne die beiden Fliegenfischer! Schnell hatte sie sich von der Begegnung mit dem Bären erholt, genoss die noch warme Sonne und naschte von den Blaubeeren, die sie gepflückt hatte. Es war früher Nachmittag. Amelie begann zu träumen bei all der Farbenpracht des Waldes, der sich im Wasser der Bucht spiegelte. Und dann war sie doch da, eine alte Bärin, gefolgt von zwei Jungbären.

„Sag mal, Bert, bist du oft hier zum Angeln?"

„Nö, zuletzt vor zwei Jahren. Die paar Fische, die ich brauche, dafür muss ich nicht mal runter von meiner Insel." Nach einer weiteren halben Stunde mit mäßigem Erfolg machten sich die drei auf die Rückreise. Immer wieder hatte der Außenborder ein paar Aussetzer, die Amelie mit entsetztem Gesicht registrierte. Christian entschuppte während der Bootsfahrt die Lachse, nahm sie aus und warf die Innereien über Bord, von den Möwen mit viel Geschrei dankend angenommen. Amelie ging in Little Harbour von Bord, von Christian mit Küsschen und Umarmung verabschiedet. *War da was? Was lief zwischen Christian und Amelie?* Robert registrierte die Szene nachdenklich.

„Schade, hatte mir mehr von der Tour heute versprochen.", hatte Amelie zum Abschied angemerkt. Robert hatte sie dann noch eingeladen, morgen auf die Insel zu kommen. „Es gibt leckeren Lachs", hatte er ihr nachgerufen. Amelie nickte nur kurz und war dann schnell verschwunden. Als Christian und Robert auf Goose Island ankamen, warteten Emma, Frieda und Johanna schon auf Robert und begrüßten ihn mit einem Stoß ihrer Hörner.

Robert melkte schnell seine Ziegen und sperrte Henry, den Ziegenbock, wieder weg, während Christian die Lachse in der Bucht beim Anleger auswusch. „Wollen wir diesen prächtigen Burschen morgen grillen?", wollte Christian wissen. „Sollte für uns reichen ... ist sicher noch was für die nächsten Tage über. Fünf Kilo schätze ich ..." Robert warf einen kurzen Blick auf den Lachs – *hätte ich nicht gedacht ... ganz geschickt, wie der die Lachse getötet, ausgenommen und gesäubert hat, kennt sich wohl doch aus, der Auskenner* – und nickte nur. Die anderen Lachse verstauten sie erst einmal in Roberts Eiskeller.

Der Lachs, den Christian zum Grillen ausgesucht hatte, wurde von Robert fachmännisch filetiert, die vorstehenden Gräten mit einer Pinzette gezogen, dann auf ein Zedernholzbrett gelegt und mit etwas Salz – Meersalz, das Robert an der Sonne aufwändig gesiedet hatte – eingerieben. Dann ging Robert in seinen Garten und kam mit einem ganzen Strauß unterschiedlicher Kräuter zurück: Pfefferminze, Zitronen-Thymian, Sauerampfer, Salbei, wildem Knoblauch und verschiedenen anderen Kräutern. Daraus entstand ein Kräuterbett, in das er das Lachsfilet einpackte, um es dann in seinem Vorratsraum abzustellen. An einem weiteren Zedernbrett befestigte Robert eine Schnur, band sie an einem Strauch am Strand an und warf das Holz ins Wasser. „Was hast du damit vor?", fragte Christian. „Morgen, lass dich überraschen", war Roberts knappe Antwort.

Die Sickergrube

Christian hatte beim Ausnehmen der Fische die Lachs-
eier, den Rogen, in eine Dose verstaut. Dieser Lachskaviar
kam jetzt, nachdem beide sich nach ihrer Arbeit in die Hütte
zurückgezogen hatten, auf den Tisch, dazu Brot vom Vor-
tag, Ziegenbutter und ein Rest der Fischsuppe, aufgewärmt.
Die warme Ziegenmilch kam ebenfalls auf den Tisch und ein
frisch aufgegossener Pfefferminztee, ohne Zucker. Schon
beim Essen schwärmte Christian von dem herrlichen erfolg-
reichen Tag, von ihrem Fang und davon, dass es hier noch
Braunbären gab. Er versuchte, seine Aussagen zu den Lachs-
eiern und dem Gezeitenkraftwerk herunterzuspielen, was
ihm aber nicht gelang. Nach dem Essen stellte Robert zwei
Gläser und den Glen Breton auf den Tisch. Christian hatte
Feuer im Kamin gemacht und beide saßen lange zusammen
und erzählten.

Christian wechselte das Thema: „Sag mal, Bert. Diese
Hütte. Alles nur mit Muskelkraft? Du allein? Wie lange hast
du denn daran gebaut? Und wo hast du geschlafen? Stürme
im Herbst ..., Schnee im Winter ...“

Robert hatte keine Lust auf lange Erläuterungen, warum
er was, wie und wann gebaut hatte und schilderte in knappen
kurzen Sätzen. „’Ne Baugenehmigung braucht's auch in
Kanada, auch wenn die Insel sonst niemanden interessiert.
Blockhaus war okay, aber ’ne Sickergrube, die musste sein,
für Fäkalien, Waschwasser und so. Bauholz habe ich dann
mit einem alten und erfahrenen Holzwurm, Gilbert, geflößt,
mit dem Außenborder. Na ja, der Zimmermann hat mir

dann noch ein wenig geholfen. Er war es auch, der mir einen Spitznamen verpasste: Polier. Weil ich etwas vom Bau verstehe, meinte er. Seitdem nennen mich alle in Little Harbour *Foreman*. War schon lange her, dass ich auf dem Bau gearbeitet habe. Trockenmauern als Fundament ging ja noch. Auch den Kamin mauern. Aber die schweren Hölzer, da brauchte ich dann doch etwas mehr Muskelkraft. Und so ein erfahrener Blockhausbauer ist Gold wert. Fugen abdichten mit Schafwolle und Moos. Dachschindeln legen. 'Ne Zisterne für das Regenwasser. Das ganze sturmfest machen ... Hat mich ein paar Dollar gekostet, war aber gut. Im Zelt hätte ich nicht überwintern wollen."

„Und im Winter? Was machst du da den ganzen Tag?"

„Durch den Golfstrom ist der Winter nicht sonderlich hart hier an der Küste. Das Meer friert nicht zu, so dass ich immer mal an Land kann. Und dann hol ich mir viel Stoff zum Lesen, Klassiker, ‚Die Manns', Hesse, Dürrenmatt, Philosophisches, Max Frisch, aber auch aktuelle Themen wie Hararis ‚Eine kurze Geschichte der Menschheit'. Es ist schon erschreckend, wohin wir uns bewegen, wenn wir Harari glauben wollen."

„Wo hast du die Bücher? Ich sehe hier keine ... Und Lesen bei Kerzenlicht?"

„Wozu die Hütte mit Büchern zustellen? Schreib auf, was mir wichtig ist. Willst du mal hören?"

Robert zitierte aus einem seiner Notizbücher:

„Vor 70.000 Jahren war der Homo sapiens ein unbedeutendes Tier, das in einer abgelegenen Ecke Afrikas seinem Leben nachging. In den folgenden Jahrtausenden stieg es zum Herrscher des gesamten Pla-

neten auf und wurde zum Schrecken des Ökosystems. Heute steht es kurz davor, zum Gott zu werden und nicht nur die ewige Jugend zu gewinnen, sondern auch göttliche Macht über Leben und Tod. "

„Damit sind wir wieder da, worüber wir heute Nachmittag schon mal diskutiert haben", nahm Christian den Faden auf. „Ich denke, wir sollten dieses Thema beenden. Ich sehe nicht so schwarz wie du. Ich sehe eine Menschheit, die intelligent genug ist, ihre Probleme zu lösen. Lass uns über Banaleres sprechen, über deine Insel. Die Sickergrube? Hab ich nicht gesehen. Wird die denn ausgepumpt oder was passiert da?"

Robert kannte das schon. *Typisch Christian, wenn er mit seinen Argumenten nicht durchkommt. Kneift einfach. Tunnelblick. Kenn' ich ja schon. Auskenner.*

„Du warst doch schon auf meinem ‚Donnerbalken'. Nun, darunter ist die Sickergrube. Chemie gibt's hier nicht auf meiner Insel. Körperpflege und Wäsche im Meer mit Bio-Seife, nur auf Pflanzenölbasis, sonst keine Waschmittel. Und in die Sickergrube streue ich regelmäßig Seegras mit rein. Gibt einen ordentlichen Dünger für meinen Garten, und dann noch der Ziegenmist dazu. Knackiges Gemüse, prächtige Kartoffeln."

„Und deine Ziegen im Winter...? Hab keinen Stall gesehen."

„Brauchen die auch nicht, ein einfacher Unterstand, das reicht. Hauptsache, das Lager ist einigermaßen trocken ..."

Christian überhäufte Robert mit vielen banalen Fragen. Was wollte Christian wirklich? Das war nicht das, was ihn

71

interessieren konnte. Dafür kannte Robert seinen Freund lange genug. Oder kannte er ihn doch nicht? Es ging Robert immer wieder durch den Kopf, die Beziehung zwischen Christian und Amelie. *Wie haben die beiden zueinandergefunden? Amelie steht doch nicht auf solche Typen. Hatte als Teenager schlechte Erfahrungen gemacht.* Gerade als Robert darüber nachdachte, wechselte Christian das Thema.

„Sag mal, Frauen? Da läuft doch nichts ... hier auf der Insel? Oder?"

Nein, über Frauen wollte Robert heute nicht mehr mit Christian sprechen. Die Enttäuschung mit Amelie damals in Braunschweig hatte ihn tief getroffen. Einen solchen Frust brauchte er nicht noch einmal. Und in Little Harbour? Da gab es schon die eine oder andere Witwe, die ihm auf dem Markt, wenn er seinen Ziegenkäse verkaufte, schöne Augen machte und auch mal unverhohlene Komplimente. „*So ein stattlicher Mann ... und dann so ein schöner gepflegter Bart. Und ganz allein auf Goose Island?*" Nein, für Robert war das Thema Frauen abgehakt. Er schlug Christian daher vor, er werde jetzt die Fahne einholen und sich dann schlafen legen.

„Die Fahne? Warum holst du die ein?", wollte Christian wissen. „Und dann noch die Braunschweiger!"

„Erzähle ich dir morgen", war die kurze Antwort. Da war Robert auch schon aus der Hütte verschwunden.

Lachs aus der Asche

Pünktlich mit den ersten Sonnenstrahlen standen Emma, Frieda und Johanna vor der Blockhütte und meckerten, das Signal für Robert, schwungvoll sein Nachtlager zu verlassen, Eimer und Schemel zu nehmen und seine *drei Damen* zu melken. Christian hatte da etwas mehr Mühe, auch weil ihm alle Knochen schmerzten von der ungewohnt harten Schlafkoje. Etwas verschlafen kam er aus der Tür und brummelte sich etwas in seinen Drei-Tage-Bart, nahm Handtuch und Seife und verschwand in Richtung Badebucht. Als er etwas munterer wieder zur Hütte zurückkam, hatte Robert die Ziegen gemolken und war gerade dabei, die Braunschweiger Fahne – rot-weiß mit einem roten Löwen auf weißem Wappenschild – am Fahnenmast aufzuhängen und hochzuziehen.

„Die Fahne. Dazu wolltest du mir doch heute etwas sagen."

„Ach, das ist so ein altes Ritual. Der Schlossherr oder der Burgherr. Ist er nicht da, gibt's keine Fahne ..., du weißt schon. Die Bewohner von Little Harbour fanden das lustig. Und so werden jetzt überall auf den Inseln ringsherum die Fahnen gehisst, wenn wer da ist. Hat einen Vorteil ..., jeder schaut nach jedem. Und wenn man mal Hilfe braucht, nun, die Seenot-Flaggen in Rot hat auch jeder. Wir haben ja keinen Handyempfang. Und wenn morgens nicht gehisst wird, obwohl abends noch die Flagge aufgezogen war, kommt die Küstenwacht vorbei und schaut nach. Kann ja sein, dass man es nicht mehr schafft, die Seenot-Flagge zu hissen. Deshalb wird auch empfohlen, sich bei der Küstenwache abzumelden, wenn man mal weg ist. Aber sonst lassen wir uns in Ruhe. Besuche gibt's eigentlich nur nach Einladung. Jetzt gehe ich mich noch schnell waschen. Machst du einen Tee und den Frühstückstisch fertig? Wir haben heute noch einiges vor ...“

Mit diesen Worten war Robert ebenfalls zur Badebucht gegangen. Als er zur Hütte zurückkam, war der Tee noch nicht fertig, das Feuer im Herd wollte nicht richtig brennen. Den Frühstückstisch hatte Christian schon gedeckt. Bis auf Reste des Lachskaviars glich der Tisch dem vom Vortag, das Brot allerdings war schon recht zäh.

„Sag mal, hast du keine Hühner? Jetzt so'n schönes Spiegelei ... mit Lachsstreifen und Bacon. Das könnte mich jetzt begeistern.“

„Hatte ich. Waren 'ne willkommene Mahlzeit für den Seeadler. Hat einfach keinen Zweck. Frei laufen lassen kannst du sie nicht und unter Draht? Das wollte ich nicht.“

Während des Frühstücks taktete Robert seinen Besucher ein: Den Ziegenbock zu den Ziegen lassen, Treibholz sammeln, Kartoffeln aus dem Garten holen, Gräten und Fischkopf des gestern filetierten Lachses abkochen. Schließlich hatte Robert Amelie ja zum Essen eingeladen. Dafür waren einige Vorbereitungen erforderlich. Wann Amelie kommen würde, wussten die beiden nicht, aber wahrscheinlich bald. Dann sollten die meisten Arbeiten erledigt sein.

Als sie zum Strand gingen, griff Robert noch einmal das Frauenthema auf, über das er seit Amelies Ankunft nachts mehrfach nachgedacht hatte.

„Amelie? Sag mal, wie stehst du zu Amelie? Ich werd' nicht schlau aus euch. Ist da was?"

„Nö, da ist nichts. Ich find sie einfach nur nett, sie findet mich nett, wir gehen ab und an mal zusammen aus, Disco, Theater, Bar und so, das war's."

„Nicht mal zusammen ins Bett?"

„Nö."

„Na komm schon, pack mal aus. Mir kannst du alles sagen. Irgendetwas läuft doch schief."

„Nö ... Es ist völlig anders, als du denkst. So um zweitausend, damals arbeitete ich in Stuttgart, hatte ich eine ziemlich feste Beziehung. Manuela. Heiraten wollten wir aber nicht. Kinder wollte Manuela auch nicht. Die Pille vertrug sie nicht. Und immer mit Gummi fand sie auch doof. Da hab' ich mich halt sterilisieren lassen. Kinder waren mir nicht wichtig. So nach drei Jahren ist sie dann abgegangen, mit einem anderen Kerl. Der hat ihr dann zwei Kinder gemacht, wie ich erfahren habe. Ich war ziemlich enttäuscht, verdammt tief unten, Rauschgift, 'ne Entziehung. Nö, 'ne feste und enge Beziehung will ich nicht mehr eingehen. Das war's."

Während Robert und Christian miteinander redeten und dabei Treibholz am Küstensaum sammelten, wurde Robert immer missmutiger.

„Nun schau dir diesen Scheiß hier an. Manchmal denke ich, wir sind die Müllkippe von New York. Wenn ich zum Markt fahre, nehme ich schon jedes Mal einen ganzen Sack Plastikmüll mit. Das wird immer schlimmer."

Robert verstaute den Müll in einen Sammelbeutel, den er auf seiner Karre mitgenommen hatte. Die Karre war dann schnell gefüllt mit Treibholz.

„Nicht schlecht, die Ausbeute heute. Ich brauche kaum mal einen Baum für Brennholz zu schlagen." Robert deutete auf das kleine, bunt leuchtende Wäldchen am anderen Ende der Insel. „Ist fast immer so viel Treibholz, dass es für den Winter und den Herd reicht."

Ziegenbock Henry hatte schlechte Laune und ging auf Robert und Christian los mit gesenktem Kopf und vorgestreckten Hörnern, als sie den Verschlag öffneten. Sie hatten vergessen, ihn gleich früh am Morgen herauszulassen. Nach mehreren vergeblichen Angriffen beruhigte er sich aber wieder und nahm Witterung von den drei Ziegen auf.

Als Christian und Robert zur Hütte zurückkamen, hörten sie schon das Brummen eines Außenborders. Amelie. Sie hatte sich wohl das Boot geliehen, denn sie war allein an Bord. Christian ging hinunter zum Anleger und half ihr, das Boot festzumachen.

„Die haben aber viel Vertrauen in Little Harbour, dir ein Boot zu leihen", begrüßte Robert seine ehemalige Liebe. „Verdammt viel Strömungen hier vor der Küste."

Amelie hatte sich herausgeputzt, Sneaker, ein flottes, figurbetonendes rotes Kleid, kniefrei, mit großen blauen Blumen, dazu ein passender, azurblauer, mit Sonnenblumen übersäter Seidenschal locker um den Hals geschlagen und über die Schulter fallend, die blonden Haare zum Pferdeschwanz. *Mann, was macht die wieder mit mir? Die weiß genau, dass ich auf sowas stehe. Dieser van Gogh. Dieses Kleid. Dieser Busen. Diese Beine.* Roberts Blicke hafteten lange an Amelie, während sie genüsslich frotzelte.

„Das ist doch unglaublich. Statt sich zu freuen, dass ich komme, höre ich abfällige Kommentare. Macho. Kriegst vom Sekt nichts ab. Dabei hab' ich extra einen mehr gekauft. Den trinke ich mit Christian allein. Wo kann ich den mal kaltstellen?"

Das ist sie wieder, Amelie. Irgendwie packt sie mich immer wieder mit ihrer rotzfrechen Art. Hoffentlich bringt sie heute hier nicht alles durcheinander.

„Die Ziegen? Hast du die schon gemolken?"

„Du bist spät dran. Die wollten nicht so lange warten."

„Ziegen melken. Wollte ich schon immer. Früher bei meiner Tante ich war glaube ich fünf, da durfte ich es auch mal versuchen. Hat nicht geklappt. Zeigst du es mir heute Abend, Robert?"

„Heute Abend? Wann willst du denn wieder zurück nach Little Harbour?"

„Ich bleibe. Hier bei euch. Hab noch ein Zelt im Boot und 'nen Schlafsack. Und auch andere Klamotten. Kannst du die mal holen, Christian?"

Robert hatte es die Sprache verschlagen. Er stand nur da mit offenem Mund und starrte Amelie an.

„Was ist? Hab' da kein Problem mit, im Zelt zu pennen. Aber vielleicht tauscht ja auch Christian mit mir. Dann schlaf' ich bei dir in der Hütte. Heute Abend fahre ich jedenfalls nicht besoffen zurück nach Little Harbour. Heute will ich feiern, mit euch!"

Robert stand noch immer mit offenem Mund da. Sollte er Amelie in die Arme schließen, wie bei ihrer ersten Ankunft oder sie von der Insel schicken?

Amelie schlug ihr Zelt neben der Blockhütte auf. Nur wenige Handgriffe und das Zelt stand. Das Survival-Training im Harz hatte wohl doch etwas gebracht. Dann verschwand sie im Zelt und kam nach wenigen Minuten im Overall wieder heraus.

„So, Jungs, was soll ich machen?"

„Na ja ..., eigentlich müssen wir noch Kartoffeln waschen, Gemüse putzen, Brot backen, das Holz zerkleinern für unser Lagerfeuer heute Abend, 'ne Fischsuppe kochen vom Rest des Lachses und drinnen den Tisch zurecht machen. Bin ja nicht auf Feten eingestellt. Müssen wir mal sehen, wie wir alles mit dem wenigen Geschirr hinbekommen."

„Wo habt ihr denn den Lachs?", wollte Amelie wissen. „Oder habt ihr gar Hummer gefangen? Gibt es hier an der Küste ja massenhaft."

„Der Lachs ist mein Ding. Da lasse ich niemanden dran", bremste Robert Amelies Tatendrang ab. „Wenn du willst, kannst du dich ja an die Fischsuppe wagen ... auf dem kleinen Herd und nur mit Holzfeuerung ... Ich sag dir dann schon, was du machen musst. Und dann kannst du dich ja schon mal mit den Ziegen anfreunden. Nicht dass die heute Abend flüchten, wenn du mit deinem Overall aufschlägst. Oder willst du die Ziegen in deinem Kleid besuchen? Das wird den Bock aber mächtig durcheinanderbringen. Da musst du aufpassen, dass er dich nicht auf die Hörner nimmt. Und Christian kann ja schon mal die Feuerstelle unten in der Bucht vorbereiten, Laub und Gras zum Anzünden des Feuers sammeln ...“

„Was? Einen Bock hast du auch bei den Ziegen? Die Böcke stinken doch so erbärmlich, hat meine Tante immer gesagt. Da bleib ich lieber weg.“

Die drei waren eine ganze Zeit damit beschäftigt, das gemeinsame Essen für den Abend vorzubereiten. Das frisch gebackene Brot duftete herrlich nach Hefe. Bis zum Abend waren es noch zwei Stunden, so dass Amelies Vorschlag, das frische Brot durchzuschneiden und mit dem Schmand von der Ziegenmilch zu bestreichen, gern aufgenommen und eine Pause eingelegt wurde. Was fehlte, war ein kräftiger Kaffee. Amelie hatte dann die Idee, schon mal einen Sekt zum Brot zu probieren, sie habe ja genug mitgebracht. Im Boot unter der Sitzbank habe sie eine Kiste gebunkert, für alle Fälle. Und Sektgläser hatte sie auch dabei. Friedlich saßen die drei auf der Bank vor der Blockhütte und genossen die noch warme Septembersonne.

Als die Sonne sich langsam dem Horizont näherte, kamen Emma, Frieda und Johanna gemächlich zur Hütte getrottet, Henry in einigem Abstand hinterher. Robert schnappte den Ziegenbock am Halsgurt und führte ihn wieder in seinen Verschlag. Dann nahm er Eimer und Schemel und ging zu den Ziegen, gefolgt von Amelie.

„Du musst die Zitze zwischen Daumen und Zeigefinger nehmen, dann abdrücken und mit den restlichen Fingern die Zitze drücken, dann sollte die Milch in den Eimer strullen. Danach Daumen und Zeigefinger wieder öffnen, damit Milch nachfließen kann, wieder schließen und das gleiche wie vorher." Robert gab sich viel Mühe, Amelie das Melken von Ziegen zu erklären.

„Kannst du mal meine Hand nehmen und mir das an der Zitze zeigen?"

Robert kniete neben Amelie, die sich auf den Schemel gesetzt hatte, und führte ihre Hand. Hatte sie bewusst Roberts Nähe gesucht? Sie fuhr mit der anderen Hand langsam über Roberts Knie entlang am Oberschenkel bis in den Schritt und drückte dabei ihren Busen an seine Schulter. *Oh Amelie, was machst du mit mir?* Roberts Glied schwoll mächtig an und spannte gegen die Jeans, die ihm jetzt viel zu eng erschien. Er konnte doch nicht ... Sie waren nicht allein auf seiner Insel ... Er musste nüchtern und klar bleiben. So zwang er sich gegen seine Gefühle.

„Bitte Amelie, lass das jetzt. Christian. Du bist doch mit ihm zusammen. Ich will nicht zwischen euch stehen."

„Der ist doch schwul. Hat er dir das nicht gesagt? Ein starker Partner für eine Frau, wenn sie eine Begleitung sucht.

Aufmerksam. Ein hervorragender Tänzer. Charmeur. Es macht wirklich Spaß, mit ihm auszugehen. Du weißt, der geht dir nicht an die Wäsche. Andere Kerle hält er fern. Aber fürs Bett ...?"

„Amelie bitte! Es ist schon mal schief gegangen mit uns. Da waren dein Chef und dein Job wichtiger. Ich möchte nicht noch mal 'ne Pleite erleben. Meine Beziehung zu Christian ist mir wichtig. Mein Leben hier auf der Insel ist mir wichtig. Du bist mir lieb und wichtig. Bitte lass mir meinen Weg, akzeptiere meine Entscheidung, allein hier auf meiner Insel ..."

Amelie und Robert hatten den engen Kontakt aufgelöst, als Christian um die Ecke kam. „Das Lagerfeuer steht, kann angezündet werden", so Christian. Nach ein paar Übungen schaffte Amelie es, Frieda zu melken. Die hatte die Melkübungen stoisch über sich ergehen lassen. Robert melkte dann doch Johanna und Emma. Mit einem Stück alten Brot verwöhnte Amelie die drei Leckermäuler.

Robert war mit Christian zur Feuerstelle gegangen. Das Feuer war schnell entfacht und brannte lichterloh. Alte Jugenderinnerungen keimten bei den beiden wieder auf. Der Lagerfeuerplatz im Jugendwaldlager, die Feuerstelle in der Mühlenruine am Eulengraben ...

„Wir müssen jetzt nasses Holz auflegen. Ich brauche die Glut nachher für den Lachs. Du kannst ja schon mal das Zedernholzbrett aus dem Wasser ziehen, Christian. Ich hole noch mal 'nen Whisky und bringe den Lachs mit. Amelie trinkt sicher auch einen Glen Breton mit."

Amelie hatte die Fischsuppe fertig und sie seitlich auf der Herdplatte abgestellt, damit sie warm blieb. Als Robert sie probierte, war er erstaunt, wie gut sie schmeckte, anders als seine und anders als er erwartet hatte.

„Was hast du mit der Suppe gemacht, Amelie? Lecker."

„Ihr Kerle. Traut uns Frauen aber auch nichts zu. Ich habe ein paar Zitronen eingekauft, bevor ich zu euch auf die Insel bin. Damit habe ich dein Rezept ein wenig verfeinert. Du hast doch keine Zitronen hier, oder?"

Robert war erneut überrascht. Mit dieser Seite von Amelie hatte er nicht gerechnet. Er drückte ihr die Whiskyflasche und drei Gläser in die Hand und bat sie, schon mal zum Feuer vorzugehen. Schnell machte er Feuer im Kamin, holte dann das Lachsfilet aus dem Vorratsraum und ging auch zur Feuerstelle. Die Sonne war hinter dem Horizont verschwunden und eine leichte Kühle legte sich über die Insel. Robert kannte das. Jetzt wurde es Zeit, die Wintervorräte anzulegen und den Ziegenunterstand und die Blockhütte sturmfest zu machen.

„Die Glut ist etwas zu stark. Wir müssen noch warten, bevor wir den Lachs garen." Robert legte das Lachsfilet mit der Haut auf die im Meer getränkten Zedernholzplanken, ließ ihn in seinem Kräuterbett und setzte das Brett mit dem Lachs in die Feuerstelle, als die Hitze etwas nachgelassen hatte. Dann schüttete er die Whiskybecher halb voll und stieß mit Amelie und Christian an. „Auf einen schönen Abend!" Whisky und Lagerfeuer lösten bei Robert die Zunge. Und so erzählte er, wie er seine Insel erobert hatte. Er erzählte von Gilbert, dem Zimmermann, einem richtigen

Haudegen ..., vom Ziegenzüchter Heribert aus Craula, der gleich nach der Grenzöffnung der DDR 1989 nach Kanada ausgewandert war, von Charly, einem Mann der Küstenwache, der ab und zu mal auf einen Whisky bei ihm einkehrte, während seiner Patrouillenfahrten und vom Markt in Little Harbour. So locker, zufrieden und mit sich anscheinend im Reinen hatten Christian und Amelie ihn noch nie erlebt. Nach etwa dreißig Minuten, in denen das Zedernholz in der Glut dampfte und zischte und das Kräuterbett langsam über die Holzkante in die Feuerstelle abfloss, gab Christian Robert einen Feuerhaken in die Hand und nahm den zweiten in seine linke Hand.

„Du fasst unter die rechte Seite und ich unter die linke. Auf los heben wir den Lachs heraus und legen ihn kurz hier ins Gras."

„Lachs aus der Asche ... wie Phönix aus der Asche? Passt irgendwie zu dir, Robert", kommentierte Amelie die Aktion der beiden Männer. Robert löschte die Glutreste unter dem Brett ab, indem er das Gras immer wieder mit Wasser bespritzte und die Zedernholzplanke erneut darauf absetzte.

In Roberts Hütte war es gemütlich geworden, das Feuer im Kamin strahlte in den Raum. Den Herd hatte Amelie kurzerhand in einen Buffet-Tisch umgewandelt, die Fischsuppe in der Mitte, daneben die Schale mit Schmorgemüse und Kartoffeln am Herdrand und vorn an der Herdkante der Lachs im Kräuterbett auf der Zedernholzplatte.

„Jungs, das ist ja alles sehr schön, was wir hier haben. Dazu brauche ich jetzt ein Glas Sekt ..., ihr auch?"

Robert und Christian nickten.

„Dann hol mal 'ne Pulle aus dem Vorratsraum, Robert, hab da zwei in den Eiskeller gelegt. Und bring noch zwei Zitronen mit. Lachs ohne Zitrone geht gar nicht. Männerwirtschaft ... Nur gut, dass ich noch vorher eingekauft habe."

Nach einem Glas Sekt verspeisten die drei das etwa zwei Kilo schwere Lachsfilet restlos. Amelie und Christian waren begeistert, wie schmackhaft und zart der Lachs war, dem ein paar Spritzer Zitrone den letzten Kick gaben. Fischsuppe, Gemüse und Brot waren dann doch zu viel. Während des Essens bei Öllampe und Kerzenschein erzählten jetzt hauptsächlich Christian und Amelie von Braunschweig, von Deutschland, von Flüchtlingen aus Syrien, Afrika, Afghanistan. Dabei langten die drei immer wieder zum Sekt. Als zwei Flaschen Sekt geleert waren, schenkte Robert noch einen Glen Breton ein und meinte, dann habe er die nötige Bettschwere und verschlafe morgen früh sicher seine drei Ziegen. Amelie hatte leichte Sprachprobleme und verabschiedete sich von Christian und Robert:

„Ich haue ... haue mich jetzt in mein ... Bett. Upps! Wo ... wo is es denn? Nee, doch nicht ... Ach, Mist, penne ja im Zelt. Wer von euch Jungs ... Jungs ..., wer kommt ... mit und w... w... wärmt mich?" Christian hatte Amelie angeboten, mit ihr den Schlafplatz zu tauschen. Amelie aber bestand darauf, ihre Survival-Erfahrungen zu demonstrieren und ließ sich von Christian zu ihrem Zelt bringen.

Zug der Gänse

Am nächsten Morgen statteten Frieda, Johanna und Emma Amelie einen Besuch ab. Im ersten Morgenrot am Himmel über dem Atlantik hatten sie sich auf den Weg gemacht, die Milch abzuliefern. Da Amelie ihren Zeltverschluss geöffnet hatte – vielleicht war ihr ja in der Nacht übel geworden – steckte Frieda ihren Kopf in das Zelt und zupfte am Schlafsack von Amelie. Es dauerte etwas, bis Amelie wach wurde. Dann ein Schrei des Entsetzens, als die raue Ziegenzunge über ihre Hand fuhr. Mit Amelie waren dann auch alle anderen Inselbewohner wach. Robert und Christian waren schnell in die Badebucht gegangen und hatten ein kühles Morgenbad genommen. Amelie hatte ihre Schlafwäsche ausgezogen, brauchte aber etwas länger und suchte verzweifelt ein Handtuch in ihrem Zelt.

„Scheißegal! Dann gehe ich eben ohne ... Brrr, ganz schön kalt. Wie kalt ist denn das Wasser?", rief sie Christian und Robert zu.

„Wärmer!", war die knappe Antwort der beiden Männer.

Nach wenigen Minuten kam Amelie zurück, hatte sich angekleidet, ihren Overall wieder angezogen und wollte Ziegen melken. Nur Johanna war noch nicht gemolken. Amelie schnappte sich Eimer und Schemel und setzte sich seitlich von Johanna. Jo, so rief Robert sie manchmal, hatte aber keine Lust auf Amelie und stieß sie mit einem Kopfstoß um.

„Die ist manchmal ein bisschen zickig. Musst einfach hinter den Hörnern kraulen. Dann wird sie lammfromm ...

dauert aber häufig auch länger", hatte Robert kurz einge-
worfen.

Amelie schaffte es dann doch noch, Johanna zu melken.
Nachdem die Ziegen ihr Leckerli – trockenes altes Brot –
bekommen hatten, zogen sie auf die Wiese der Insel. Amelie
durfte Henry aus seiner Box lassen. Es folgte das übliche
Prozedere. Anscheinend war eine der „Damen" paarungs-
willig, und endlich hatte Henry Erfolg. Amelie hatte den Akt
aus der Nähe mitbekommen. „Oh Mann, der kann's aber!",
war ihr anerkennender Kommentar.

Frühstück mochten alle noch nicht, vor allem keine
warme Ziegenmilch. Jeder suchte sich eine Ecke, in die er
sich verkroch für einen morgendlichen Erholungsschlaf.
Gegen Mittag waren dann alle wieder nüchtern. Christian
wurde zunehmend unruhiger und drängelte.

„Amelie, ich hab' dir doch gesagt, dass ich heute noch
mit dir zurückmuss. Du weißt doch. Der Termin in Halifax,
heute um 18 Uhr."

Robert verfolgte das Gespräch zwischen Amelie und
Christian mit einem leichten Kopfschütteln.

„Ich hab' aber keinen Bock. Ich bleibe hier auf der Insel.
Kannst ja das Boot nehmen. Hab' ich bis übermorgen ge-
mietet. Dein Wagen steht am Hafen."

Was geht hier jetzt ab, schoss es Robert durch den Kopf. *Ich
denke, Chris hat Urlaub, will hier einfach mal ausspannen, fischen,
träumen. Und nun Halifax. Und Amelie? Warum begleitet sie Chris
nicht? Was hat Amelie vor?*

„Wenn du nach Little Harbour fährst, nimmt doch deine Lachse gleich mit", hatte Robert vorgeschlagen. „Ewig kann ich die hier auf dem Eis nicht halten. Vielleicht nimmt sie dir ja jemand ab. Oder du nimmst sie mit nach Halifax ..."

Etwas brummig war Christian dann doch mit Amelies Vorschlag einverstanden, packte ein paar Sachen, holte Lachse aus dem Eiskeller und fuhr mit dem Boot zurück nach Little Harbour, nachdem sich die drei über die Essensreste vom Vortag hergemacht und alles verzehrt hatten.

Die Spätseptember-Sonne warf große Bündel wärmendes Licht auf die Insel, so dass Amelie und Robert den ausklingenden Sommer auf der Bank vor der Hütte genossen. Amelie wollte dann, dass Robert ihr seine Insel zeigt. Sie schlenderten die Felsenküste entlang, kletterten auf den einen oder anderen Felsen, begutachteten die Bäume und die Wiese, auf der Johanna, Frieda und Emma friedlich weideten, in einiger Entfernung auch Henry, der Amelie und Robert misstrauisch beäugte.

„Der Henry, ein prächtiger Bock", bemerkte Amelie anerkennend und schmiegte sich an Robert. Und da war sie wieder, Amelies Hand, die langsam vom Knie am Oberschenkel entlang strich und schließlich zwischen Roberts Beine fasste. Roberts Widerstand war gebrochen und er begann ebenfalls, Amelie über Busen und Bauch zu streichen. Dann ging alles ganz schnell. Den Overall hatte er schnell geöffnet ..., nichts drunter. Auch Amelie war schnell bei der Sache, hatte Roberts Hose geöffnet, sein Sweatshirt über den Kopf gezogen und fuhr mit ihren Händen über seine behaarte Brust und seinen Körper.

Die beiden lagen lange im Gras, nackt, von der warmen Sonne beschienen.

„War das nun ein Schäferstündchen?", so Amelie.

„Schäferstündchen ..., habe ich bisher noch nicht drüber nachgedacht."

Dann konnte Robert sich doch an ein Gedicht von Friedrich Schiller aus seinem Literatur-Studium erinnern. „Ich weiß nicht mehr, ob ich es noch zusammenbekomme. ‚Leierklang und Harfenschwung, Paradies und Sterne und eine Muse und ihr wollustheißer Mund.' Hab's mir aufgeschrieben. Erinnere mich dran, wenn wir in der Hütte sind. Na ja, und die alten Griechen haben die Schäferstunden auch gern in ihre Mythologie mit eingebaut."

„Dieser Schiller, dieser Schwerenöter! Griechische Mythologie? Komme mit dieser Literatur einfach nicht klar. Aber das spielt ja auch keine Rolle ... Ich fühle mich wie im Paradies, so frei und glücklich unter dem blauen Himmel."

Amelie liebkoste Robert erneut, so dass er nicht widerstehen konnte. Langsam wurde es kühl, die Sonne bewegte sich zielstrebig zum Horizont, so dass Amelie und Robert sich ankleideten und zur Hütte gingen. Außer Ziegen zu melken, war heute nichts angesagt. Amelie versuchte es wieder mit Emma, während Robert die anderen beiden Ziegen molk. Robert weihte Amelie dann ein wenig in seine „Käsegeheimnisse" ein und hatte ein paar leckere Kostproben für sie. Besonders der „Inselkräuterkäse" behagte Amelie. Der kam dann auch auf den Abendbrottisch, neben Ziegenschinken, geräuchertem Lachs, Ziegenbutter und einem Brotrest vom Vortag.

Draußen auf der Insel wurde es laut. Die Dämmerung war schon hereingebrochen und nur noch ein roter Schein der Sonne am Horizont zu sehen.

„Was ist das, Robert?"

„Wildgänse, Kanadagänse genauer gesagt. Die sind dieses Jahr aber früh dran. Kommen von Grönland und aus der Hudson Bay hier zur Küste. Ein Teil bleibt hier, der Rest zieht weiter nach Süden. Haben sich in den letzten Jahren mächtig vermehrt, warum ist mir nicht klar. Die fressen die Wiesen und Weiden jedes Jahr kahler. Wenn die so früh kommen, gibt es sicher einen frühen Winter."

Amelie und Robert waren vor die Hütte getreten und beobachteten das Schauspiel.

„Übrigens, die sind recht lecker in der Bratröhre. Soll ich uns eine fangen? Für morgen? Kommt Christian morgen zurück?"

„Es ist nur ein Termin, den er wahrnehmen wollte. Ich denke, er ist morgen wieder da. Übermorgen endet die Miete des Bootes, und dann muss er auch schon wieder nach Deutschland zurück. 'Ne Gans frisch von der Insel? Einen Gänsebraten habe ich noch nie verachtet. Meinst du, du kannst noch eine fangen?"

Robert hatte schnell beim Restlicht des Tages seine Gänsefalle aus dem Geräteschuppen geholt, eine Netzfalle, die zuschnappt, wenn die Gans darin einen Köder frisst. Als Köder hatte er ein Stück Brot mitgenommen. Nach wenigen

Minuten war er zurück. Amelie und Robert hatten sich in der Hütte nicht viel zu sagen. Amelie hatte eine Flasche Sekt herbeigezaubert, die sich beide beim Austausch vieler Zärtlichkeiten gönnten. Das Zelt war in dieser Nacht verwaist, auch wenn es zu zweit in den Schlafkojen der Hütte eng war. Während Amelie schnell einschlief, lag Robert lange grübelnd neben ihr.

War es richtig gewesen, abzuhauen? Aus Braunschweig. Amelie. Hatte sie mich wirklich hintergangen? Oder war ich einfach nur eifersüchtig gewesen? Diese Insel hier. Sicher ein Traum ..., mein Traum. Was wäre, wenn Amelie auch so einen ... Nein. Die doch nicht. Und Sex? Schön ... mit ihr. Zu wenig für eine dauerhafte ... Nein, es war richtig, dass ich ausgewandert bin. Beides, verdammt, warum geht das nicht!

Am nächsten Morgen wurden sie wieder vom Meckern der Ziegen geweckt. Brr, ganz schön kalt, als beide nackt vor die Hüttentür traten und gemeinsam zur Badestelle gingen. Zum Glück war das Wasser noch warm, so vierzehn Grad, schätzte Amelie. Sie melkte die Ziegen – auch Johanna war heute mit ihr einverstanden – und Robert ging zu seiner Gänsefalle, mit einem Beil bewaffnet. Die Gänse, die ihr „Frühstück" am Waldsaum mit dem jungen Gras einnahmen, flogen mit viel Getöse auf, als Robert in ihre Nähe kam. Robert hatte Glück, in seiner Falle saß eine gut genährte Kanadagans. Sie machte ein Mordsgeschrei, als Robert sie packte, ein lautes Klack des Beils auf einem Baumstumpen und dann war Ruhe. Amelie schaute weg, als Robert mit der geköpften Gans zur Hütte zurückkam.

„Ich kann ja schon vieles. Aber Gänse schlachten, rupfen, ausnehmen. Nee, das kann ich nicht. Blöd, dass heute die Sonne nicht scheint, sonst hätte ich mich noch vor der Hütte gesonnt. Sind die Gänse nun weg?"

„Ich denke schon, mindestens ein Teil. Fallen jetzt auf dem Festland über die frische Saat der Bauern her oder suchen Reste der Sommersaat, Mais und so, auf den Feldern. Der Himmel? Ich denke, es gibt bald den ersten Schnee. Da zieht was vom Norden herunter. Du kannst schon richtig die Schneefahnen an den Wolken sehen. Zum Glück ist das Land ja noch einigermaßen warm, so dass er hier als Regen runterkommt. Und wie es aussieht, zieht ein Sturm auf."

Amelie fröstelte es bei dem Gedanken an Schnee und Kälte. Sie zog sich in die Hütte zurück und begann, aufzuräumen, unter den skeptischen Augen von Robert. Und dann hatte sie eines der etwa ein Dutzend Notizbücher in der Hand. „Du schreibst Tagebuch?"

Robert ließ die Gans, die er gerade rupfte, fallen, riss Amelie das Notizbuch aus der Hand und legte es wieder zurück auf den Stapel.

„Bitte Amelie, lass sie liegen. Ich möchte das nicht!"

Amelie war erschrocken über die heftige Reaktion von Robert, fragte dann aber doch nach, ob da auch Schiller und sein Schäferstündchen drinstehen würde. Robert zog eines der Bücher aus dem Stapel, blätterte kurz.

„Ja, ich hab's, hier:

Leierklang aus Paradieses Fernen,
Harfenschwung aus angenehmern Sternen
Ras' ich in mein trunknes Ohr zu ziehn;
Meine Muse fühlt die Schäferstunde,
Wenn von deinem wollustheißen Munde
Silbertöne ungern fliehn."

„Schön, wie das der Schiller schrieb. Aber ‚Ras', da kann ich nichts mit anfangen."

„Ich auch nicht, vielleicht *lass*?"

Robert wusste auch keine weitere Erklärung, nahm die Gans vom Boden auf, rupfte die restlichen Federn und nahm sie gekonnt aus. Dann heizte er den Herd an und schob die Gans, nachdem er sie mit verschiedenen Kräutern eingerieben und gefüllt hatte, in einem eckigen Bratentopf, mit etwas Ziegenbutter eingestrichen, in die Röhre. Amelie hatte in der Zwischenzeit das Nachtlager wiederhergerichtet, setzte sich darauf und zog sich aus. Ihrem zarten Augenaufschlag und ihrer zärtlichen Berührung konnte Robert auch jetzt nicht widerstehen.

Wir sind ja allein auf der Insel. Draußen mieses Wetter. Christian und Amelie, da geht nichts. Oh Mann, die bringt mich noch um meinen Verstand. Früher, in Braunschweig. Nee, das war nicht so, das war anders ... Wäre bestimmt nicht abgehauen, wenn es so gewesen wäre wie jetzt. Was habe ich damals falsch ... Hätte ich ...

Robert war eingenickt, als er vom Bratenduft der Gans wach wurde. *Oh, verdammt, hoffentlich ist sie nicht ...* Sie war nicht. Sie musste nur mal gedreht werden.

Als die ersten Regentropfen fielen, kamen Johanna, Emma, Frieda und Ziegenbock Henry zur Hütte. An der Rückseite der Hütte hatte Robert einen Unterstand gebaut, unter den sich jetzt die Ziegen unterstellten. Die Temperaturen waren deutlich gefallen und der Wind hatte aufgefrischt, Schaumkronen rollten auf die Felsenküste von Goose Island zu, klatschten donnernd auf die Felsen.

Amelie hatte die Ziegen aus ihrem Programm gestrichen, bei so einem Sauwetter. Daher versorgte Robert die Tiere. Ziegenbock Henry musste wieder in seinen Verschlag, wo er einen kleinen Unterstand hatte und dem Wetter nicht schutzlos ausgeliefert war.

Nach etwa drei Stunden war die Gans dann gar. Mit etwas von dem eigenen Salz bestreut, war sie ein richtiges Festessen beim Kerzenschein und dem Licht der Öllampen, mit etwas Brot und ... Sekt von Amelie. Christian war nicht gekommen, obwohl er es geplant hatte. Der Sturm ließ ein Übersetzen mit dem kleinen Boot zur Insel nicht zu. So hatten Amelie und Robert noch eine ungestörte Nacht, die sie gemeinsam auskosteten.

Von der Vergangenheit eingeholt

Am nächsten Morgen hatte sich der Sturm gelegt. Die
Sonne schien und führte in einen kühlen Septembertag.
Trotz der Frische ließen es sich Robert und Amelie nicht
nehmen, das vereinte Bad in der Badebucht mit viel körper-
licher Nähe zu genießen. Die Ziegen versorgten sie gemein-
sam und auch den Frühstückstisch, bestückt mit dem, was
die Insel hergab. Amelie hatte noch schnell ein paar Herbst-
astern aus Roberts Garten geholt und als Vase eines der
Trinkgläser genommen. Robert mochte nicht widersprechen.
Gern hätte Amelie einen Kaffee getrunken, wie sie Robert
erklärte. Aber der heiße Kräutertee nach dem kühlen Bad
und den herbstlichen Temperaturen wurde auch von Amelie
dankend angenommen. Warme Ziegenmilch, die Amelie bis-
her immer ausgeschlagen hatte, trank sie ebenfalls genüss-
lich.

Die Sonne hatte die Bank vor der Hütte und die Wand
dahinter erwärmt und Amelie und Robert angelockt.

„Du, Robert, ich muss dir was gestehen", begann Amelie
ein Gespräch. „Ich habe mich riesig darauf gefreut, dich wie-
derzusehen. Und ich bin froh, dass der Graben zwischen uns
nicht so tief und unüberbrückbar war ... Es tut mir leid, was
damals in Braunschweig ... bei New Yorker ... und dass sie
dich ausgebootet haben. Lässt sich wohl nicht mehr rück-
gängig machen, hast ja auch deinen eigenen Weg gefunden.
Dich zu besuchen war nur ein Grund, warum ich gekommen
bin. Direktor Kohlrusch hat mir einen Auftrag erteilt, mit
dem ich den Besuch bei dir gut kombinieren konnte.

Nächste Woche habe ich mehrere Termine in Montreal und Halifax ..., soll abklären, ob wir dort Filialen eröffnen können. Dann sind noch ein paar Lieferantenbesuche auf dem Programm ... Bist du jetzt enttäuscht?"

Robert antwortete nicht sofort, schaute Amelie lange an, gab ihr einen Kuss und schwieg.

„Warum antwortest du nicht. Das macht mich krank!"

Robert schwieg weiter, starrte auf das Meer hinaus. Dann kam ein kurzes „Ist schon okay", mehr gequält als zustimmend. „Du hast dein Leben gewählt, ich meins. Dabei sollten wir es lassen. Wenn du mich besuchst, freue ich mich ..." Robert musste wegschauen, um Amelie nicht die Tränen in seinen Augen zu zeigen. Nach weiteren langen Minuten des Schweigens begann Amelie erneut und setzte ihr Geständnis fort.

„Ich hätte gern deinen Rat, wenn wir schon mal beim Thema sind. Bei mir brennt die Hütte. Ich habe ja vor drei Jahren einen Teil deiner Mitarbeiter übernommen. Du kannst dich sicher noch an sie erinnern. Leider konnte ich die nicht gut in meine Abteilung integrieren. Musste dafür mehrmals beim Kohlrusch antreten, weil einer besonders kontraproduktiv ist und unser gesamtes Abteilungsergebnis nach unten fährt. Kannst du dir vorstellen, von wem ich spreche?"

„Ich habe mit dem Thema abgeschlossen, will es nicht wieder aufwärmen. Ich hatte viel Zeit, über mich, über uns, über die Vergangenheit und die Zukunft nachzudenken. Das Thema „New Yorker" ist für mich durch. C'est la vie."

Amelie wandte sich enttäuscht ab, stand auf und ging zum Bootssteg.

„Nun warte doch, Amelie", rief Robert ihr hinterher.

„Versteh doch. Diese Enttäuschung damals in Braunschweig. Hat mich sehr viel Kraft gekostet, die zu überwinden. Und jetzt soll das weitergehen?"

„Werd' schon selbst eine Lösung finden. Muss irgendwie damit fertig werden." Amelie war kurz stehengeblieben, mit hängenden Schultern.

Robert legte seinen Arm um ihre Schulter.

„Von wem sprichst du, Amelie? Helge Sommer?"

„Ja, von dem. Willst du wirklich darüber mit mir sprechen?"

„Na komm, wird mich schon nicht umbringen."

„Was mache ich nur mit dem, Robert? Schwerbehindert, unkündbar. Andere Abteilungen wollen den auch nicht. Der Boss erwartet von mir, dass ich den Laden in den Griff bekomme, den Helge und die anderen Querschläger einfange. Und dann ... dieser Auftrag mit Halifax und Montreal ist für mich eine Bewährungsprobe. Wollen wohl mein Verhandlungsgeschick testen. Was mache ich nur?"

Robert antwortete auch jetzt nicht gleich, überlegte lange und fing dann mit einem ganz anderen Thema an.

„Vor fünf oder sechs Jahren war ich von einem Kollegen und weitläufigen Freund an einem Wochenende nach Breisach bei Freiburg eingeladen. Er hatte eine Führung durch eine Sektkellerei für eine größere Gruppe von Verwandten und Freunden organisiert. Eine sehr interessante Führung ... und ein brillanter Kellermeister, so jedenfalls präsentierte er sich und seinen Betrieb. Automaten, Förderanlagen, Edelstahlbottiche, Fliesen, alles blitzsauber. Und dann sind wir in ‚*seinen*‘ Sektkeller gegangen, ein großer Stollen, vierzig bis fünfzig Meter in den Tuffstein des Berges getrieben. Und da verriet er uns einen Teil seines Geheimnisses. Ich bin sicher, er hatte noch mehr.

‚Chrom, Lack und Fliesen, Technik vom Feinsten, all das blendet. Mein Handwerk ist ganz einfach, braucht all diese Dinge nicht. Sehen Sie mal die Wände und die Decke dieses Kellerraums an. Schimmelpilz, Spinngewebe, muffiger Geruch. Ich gehe jeden Tag hier rein. Sehen Sie hier den Ständer mit den Sektflaschen. Hier am Boden haben alle einen Punkt. Ich drehe sie jeden Tag ein Stück weiter, alle in die gleiche Richtung. Wochen und Monate. Wenn dann die Gärung abgeschlossen ist, kommen sie ans Licht, werden mit modernster Technik gesäubert, die Hefe wird entzogen, die Flaschen werden endgültig verkorkt und gehen dann auf die Reise zu Ihnen. Edler Sekt aus dem Breisgau, Flaschengärung. Eigentlich ein Champagner, dürfen wir nur nicht sagen, weil die Franzosen Markenschutz haben. Und mein Geheimnis: Täglich, ruhig, immer ein kleines Stück die Flaschen gedreht, kein großes Handwerk, nur Beständigkeit und ein wenig Erfahrung und aus einem schlichten Wein wird ein edler Tropfen. Wehe aber, ich nehme es nicht so genau, dann wird er bitter, ungenießbar. Und solchen Sekt will keiner.‘

Und nun an dich die Frage, Amelie: Wie bist du mit diesen, sagen wir mal, Quertreibern umgegangen? Hast du täglich mit ihnen gesprochen, sie gefragt, wie es ihnen geht, was die Familie macht, ob die Kinder alle gesund sind? Ich habe lange darüber nachgedacht, hier auf meiner Insel, warum ich gescheitert bin ..., habe damals den Fehler gemacht, habe nur Glanz und Glamour für wichtig gehalten, nicht auf das Dahinter geachtet ... und bin heute hier."

Amelie nahm sich jetzt eine Pause, bevor sie antwortete.

„Sicher, der Helge, auf den hatte ich keine Lust, so unsympathisch. Und auch die anderen Querulanten. Ich habe mich schon oft gefragt, ob es auch an mir liegt. Da habe ich einfach nicht die Kraft, mich täglich zu überwinden und denen den Bauch zu streicheln. Fast jeden Tag Meetings, Telefonkonferenzen, Abteilungsbesprechungen ..."

„Versuch es doch einfach mal. Du wirst staunen, was für wertvolle Mitarbeiter das sein können. Sieh es doch einfach mal so: Wenn du sechs Eier in einen Kuchen schlägst, wird das im Regelfall mit den ganzen Zutaten ein prächtiger Kuchen. Wenn aber nur ein faules Ei dabei ist, kannst du den Kuchen wegwerfen. Musst halt aus dem faulen Ei ein gutes Ei machen, wenn du es nicht tauschen kannst."

Abschied

In der Zwischenzeit war es Mittag geworden. Robert und Amelie hatten sich die Reste der Gans aufgewärmt und gegessen, mit einem frischen Salat aus Roberts Garten und einem Stück von dem Brot, das Robert am Morgen gebacken hatte. Irgendwie war der Dampf raus. Zu viele Wahrheiten? So machten sie nach dem Essen nur einen kleinen Inselrundgang, zogen das eine oder andere Stück Treibholz an Land, das durch den Sturm angespült worden war, und schauten nach, ob der Sturm irgendwelche Schäden verursacht hatte. Amelie hatte ihr Zelt abgebaut und auch den Schlafsack eingepackt, als Christian mit dem Motorboot zur Insel kam.

„So ein Mist", schimpfte er. „Wollte ja schon gestern kommen. Dieser blöde Sturm. Habe das Boot noch für einen weiteren Tag angemietet, wollte heute nicht wieder zurück. Noch einen schönen Glen Breton genießen, am Kamin sitzen und schwatzen mit euch. Amelie hat dir sicher schon erzählt, dass sie noch ein paar Termine hat, Robert? Erst übermorgen. Reicht also, wenn wir morgen wieder dein Reich verlassen. Ist das okay …? Nehme auch noch ein paar Lachse mit. Die ersten bin ich losgeworden. Ein Händler in Little Harbour will sie konservieren und mir dann nach Deutschland schicken."

Robert hatte nichts dagegen, Amelie ihr Zelt schnell wieder aufgebaut und war dankbar, dass Christian die Nacht im Zelt verbringen wollte. Christian hatte Kaffee vom Festland mitgebracht, nur Instantkaffee, aber immerhin. Und eine Packung Bacon sowie zwanzig Eier. „Für morgen, zum Frühstück! Rührei mit Lachsstreifen und Schinken, lecker." Und ein Glas Marmelade zauberte Christian zum Schluss auch noch aus seinem Seesack. „Mal den alten Junggesellen hier ein wenig verwöhnen", hatte er spaßig angemerkt. Amelie kochte sofort einen Kaffee. Den brauchte sie heute. Robert und Christian nahmen ihr den Kaffee dankend ab. Am Abend kamen der Rest des Gänsebratens sowie weitere Leckereien aus Roberts Selbstversorgung auf den Tisch, dazu Tee und Ziegenmilch. Dann hatte Robert eine neue Flasche Glen Breton hervorgeholt und Amelie eine Flasche Sekt, die sie bei Robert im Vorratsraum versteckt hatte. Sie hatten sich um den Kamin gesetzt. Christian fing an zu erzählen.

„Hab' gestern einen Kunden besucht, der wollte eine Insel kaufen, so wie du, Robert."

„Und, warst du erfolgreich?", wollte Robert wissen.

„Nee, hat nicht geklappt. Die Preisinflation der letzten Jahre. Alle wollen eine Insel. Der hatte wohl gehofft, mich im Preis drücken zu können."

„Dich im Preis drücken? Sind das denn deine Inseln, die du verkaufst?", wollte Robert wissen.

„Das hat der nicht kapiert, dass ich die Inseln im Auftrag der Regierung von Nova Scotia verkaufe. Na ja, die Tchibo-Nummer, das war der Anfang damals ..."

„Nee, nicht wirklich?", unterbrach Robert ihn. „Das glaube ich jetzt nicht. Und dann tust du so scheinheilig bei unserem Bierabend in Braunschweig!"

Robert war sehr aufgewühlt. Christian beruhigte ihn.

„Ich konnte dir doch nicht zur Trennung von Amelie raten. Ich konnte dir doch nicht zur Insel raten nach all den Rückmeldungen von Verwilderung, Suizid wegen Zahlungsunfähigkeit und all den Dingen, die damals passiert sind. Ich freue mich, dass du die Kurve gut genommen und deinen Weg anscheinend gefunden hast. Und Amelie? Hast du auch deinen Weg gefunden? Konnte Robert dir helfen?"

„Verdammte Bande! Was spielt ihr mit mir?" Robert war erbost darüber, dass Christian in Amelies Pläne eingeweiht war, ihm nichts davon gesagt und ihr und Robert bewusst zwei Tage allein auf der Insel ermöglicht hatte.

Das rote Kleid, der Sekt, das Zelt, Ziegen melken, alles nur Show? Robert, nicht jetzt! Nein! Das war viel zu ehrlich, das konnte nicht gespielt sein von Amelie. Nein, nicht noch einmal ein Zerwürfnis. Trennung? Ja, das geht nicht anders. Aber diese Wärme, der Duft ihrer Haut, ihr Spiel mit ihren Haaren. So kann ich mich nicht getäuscht haben.

Amelie unterbrach das Schweigen.

„Ich weiß es nicht. Sicher, Robert hat mir einen Weg aufgezeigt, der alte Philosoph. Da muss ich drüber nachdenken." Amelie stand auf und ging zur Tür. „Ich hole mal etwas Holz für den Kamin. Mir ist kalt, das Feuer ist fast aus."

Der Mond leuchtete hell zwischen den Wolkenlücken hindurch. Amelie blieb vor der Tür stehen, schaute auf das glitzernde Mondlicht, das sich im Meer spiegelte. *Einundvierzig. Feierabend im Büro, und dann? Weiter After-Work Partys in „Barnaby's Blues Bar"? Die schauen schon ziemlich komisch, als wenn*

sie sagen wollten: Was will denn die Oma hier? Abends allein in
meiner Suite ..., das ist auch doof. Wenn ich doch nur wüsste ..."

Christian wechselte das Thema, als Amelie mit einem
Arm voller Holz wieder in die Hütte kam. Die Stimmung
war verkatert.

„Hast du noch einen Glen Breton, Robert?", wollte
Christian wissen und wechselte erneut das Thema, ohne eine
Antwort abzuwarten.

„Deine Ex. War schon heftig, mit ihr den Haus-Deal ab-
zuschließen. Die ist ja total verstrahlt, auf Scientology abge-
fahren. Erinnerst du dich noch an unser Gespräch damals in
Braunschweig über Gott und die Welt, über ein Leben nach
dem Tod? Damals hast du gefragt, ob ich an ein Leben nach
dem Tod glaube. Hast du eine Antwort für dich gefunden,
drei Jahre in der Einsamkeit hier auf dieser Insel ...?"
„Ein Leben nach dem Tod? Jeder verspricht es irgendwie.
Die Moslems? Haben doch nur bei den Christen abgekup-
fert, mit dem jüngsten Gericht. Die Auferstehung der Seele?
Einige Juden glauben an Wiedergeburt, sind davon über-
zeugt, dass die Seele viele Erfahrungen sammeln muss, um
weise zu werden, aber nicht in einem einzigen Leben. Wer-
den nach jüdischem Glauben dann in einem anderen Körper
noch einmal geboren. Und die Buddhisten? Sie hängen an
der Lehre des Hinduismus mit ihrer Kette von Wiederge-
burten. Gibt es nur schwarz oder weiß in dieser Frage? Zahl-
reiche Grautöne und Farben bestimmen das Bild. Und die
vom ewigen Leben träumen oder sprechen? Sind sie nicht
auch tot, wenn sie vom Lastwagen überfahren wurden?"

„Aber wenn so viele verschiedene Religionen und Welt-
anschauungen diesen Glauben vertreten, muss doch was
dran sein, Robert."

„Religionen? Für mich alles Mummenschanz. Ein
Machtinstrument einiger. Damit sollen doch die Menschen
nur gefügig gemacht werden, mit Versprechen auf ein Leben
nach dem Tod, mit Ablasshandel, dem Erlass der Sünden
der Armen im Mittelalter gegen Geld …"

„Das verstehe ich jetzt nicht."

„Sieh mal, Christian. Was bleibt von uns? Ein Häufchen
Asche? In die Erde verbuddelt oder auf See ausgestreut? Ein
alter Fleischklumpen, achtzig Prozent Wasser, in eine Holz-
kiste gepackt und tief in die Erde versenkt? In all den Fällen
haben die Überlebenden anscheinend Angst, dass man doch
noch auferstehen könnte. Also tief genug einbuddeln oder
zu Asche verbrennen. Einige Wissenschaftler spielen Gott,
haben wir ja schon diskutiert: klonen Affen und Schafe! Bald
auch Menschen? Ja, dann gibt es ein Leben nach dem Tod.
Ein Leben für die, die es sich leisten können, die göttlichen.
Alle anderen werden weiter zu Asche oder verfaulen in den
Tiefen der Erde."

„Wisst ihr was, diese Philosophiererei nervt.", warf
Amelie ein. „Habt ihr nichts Wichtigeres zu besprechen?"

„Ich bin gleich durch, Amelie." Robert fuhr fort.
„Denken wir nicht zu materiell? Leben wir nicht weiter in
unseren Kindern und Enkeln? Leben wir nicht weiter mit
unseren Werken und Taten? Ein Schiller. Ein Goethe. Ein
Sokrates. Sie leben auch heute noch durch ihre Werke, wenn
auch nicht von allen geliebt? Sollten wir nicht auch bemüht

sein, Spuren auf dieser Erde zu hinterlassen, Spuren, die nach unserem Tod noch weiterleben? Ja, ein solches Leben nach dem Tod kann ich mir gut vorstellen."

Robert hatte sich immer tiefer hineingesteigert in seine Gedankengänge und seine Worte kamen anfangs wie ein Rinnsal, dann aber wie ein reißender Strom aus ihm heraus. Er war aufgestanden und lief vor dem Kamin hin und her. Dabei sprach er seine Gedanken mit ausladenden Armbewegungen laut aus und ignorierte Amelies und Christians Versuche, ihn zu unterbrechen. Als Robert dann doch irgendwann geendet und sich wieder gesetzt hatte, saßen sie noch lange nachdenklich vor dem Kamin. Es breitete sich Abschiedsstimmung aus, und Christian zog sich schon bald in Amelies Zelt zurück. Robert aber spürte, dass Amelie, niedergeschlagen und ein wenig apathisch, jetzt seine Zuneigung brauchte, ganz viel körperliche Nähe und Zärtlichkeit. Am nächsten Morgen brachen Christian und Amelie gleich nach dem Frühstück auf, nach einer innigen Verabschiedung mit vielen Tränen zwischen Robert und Amelie.

Amelie suchte Robert später noch einmal kurz auf, nachdem sie ihre Termine in Montreal und Halifax abgearbeitet hatte. Zwei Tage und Nächte blieben ihnen, die sie ausgiebig genossen und an die sie sich noch lange erinnern würden.

Der Herbst hatte sein buntes Tuch über die Insel geworfen.

Robert

Ab und zu kam ein Brief aus Braunschweig in Little Harbour an. Belanglose Ereignisse, über die Amelie berichtete: Christian habe ihr die langen einsamen Abende ein wenig verschönt. Er höre ihr aufmerksam zu, wenn sie mal wieder jemanden brauchte, um ihren beruflichen Kummer abzuladen. Ab und an bereite er ein köstliches Essen zu, gehe mit ihr aus, ins Kino und zu Konzerten oder schlendere mit ihr lange durch den Stadtpark. Ein lieber und verständnisvoller Freund. Mit ihrem Chef sei sie immer noch nicht auf gleicher Wellenlänge ...

Robert hatte ab und an geantwortet, vom Ziegenbock Henry berichtet, den er ein paar Tage nach ihrer Abreise wieder aufs Festland gebracht hatte: Henry habe ganze Arbeit geleistet. Alle drei Ziegen seien trächtig. Das erleichtere ihm im Winter die Arbeit, wenn die Ziegenmilch versiege. Nach ihrer Abreise sei er einige Tage in ein Tief gefallen, habe sich dann aber auf den Winter vorbereiten müssen, Holz hacken, die Unterstände sturmfest herrichten, Futter für die Ziegen einlagern, Rüben, Kartoffeln und Möhren ernten, den Garten umgraben ... Dadurch habe er sein Tief überwunden, erinnere sich aber gern an die Tage mit ihr im September.

So plätscherte die Zeit dahin. Der Winter war mild auf Goose Island, ein Problem für Robert, denn es gab nicht genügend Eis für seinen Eiskeller. Er musste auf Eimer und Wasser aus der Zisterne ausweichen, die wenigen Frosttage nutzen und so Eis produzieren. Der Frühling ließ lange auf sich warten, immer wieder jagten Schneestürme über die Insel. Anfang März gab es dann vier Ziegenlämmer, alle kräftig und gesund.

Es war Anfang Juli, einer dieser schwülwarmen Sommertage, an denen man möglichst einen schattigen Platz sucht und ruht, als Robert wieder einmal seine Post in Little Harbour abholte. Dieses Mal war ein dickerer Brief von Amelie dabei. Robert hatte, entgegen seiner sonstigen Gewohnheiten, den Brief im Hafen geöffnet und sich in den Schatten eines Baumes auf die Hafenmauer gesetzt. Ihn lächelte ein Baby an von einem Bild, das aus dem Umschlag gefallen war. Und dann eine Geburtsanzeige:

Robert
Geboren am 21. Juni 2020 in Braunschweig
55 cm groß
3.728 g
Es freuen sich die glücklichen Eltern
Amelie Schneider und Robert Rupp

Robert Rupp? Vater? Ich? Zusammen mit Amelie ein Kind? Robert flimmerte es vor Augen. Gut, dass er saß. Er konnte nicht weiterlesen, konnte nicht den langen Brief lesen, den Amelie geschrieben hatte. Tränen rannen über seine Wangen. Alles war so weit weg. Daher erschrak er, als er von einer jungen Frau angesprochen wurde.

„Was ist passiert? Kann ich Ihnen helfen?"

„Es ist alles gut. Danke! Ich bin einfach nur glücklich."

Jetzt nahm Robert sich auch noch die Zeit, Amelies Brief zu lesen. Ja, sie hatte in einer Krise gesteckt, als sie Robert besuchte. Einundvierzig Jahre war sie geworden wenige Tage vor dem Besuch bei ihm. Nach dem Sinn des Lebens habe sie gesucht. Arbeit, täglicher Stress, Tantiemen, die man in Luxus verballert, nein, dieses Leben wollte sie nicht weiterführen. Und Männer, da kamen nicht die richtigen. Christian, ja, nett, charmant, immer um sie besorgt, halt der beste Freund, den man sich wünschen kann. Es störe sie nicht, dass er eine Vorliebe für Sex mit gleichgeschlechtlichen Partnern habe. Christian habe zwei neue „Nester" gebaut, eins in Braunschweig und eins, auf das sie sich zurückziehen können, wenn sie vor der stressigen Welt fliehen möchten, eine Insel in den Schären vor Südschweden, mit Strom und Wasserversorgung. Die totale Wildnis sei anscheinend nicht Christians Welt.

Sie habe ein mulmiges Gefühl gehabt, als sie ihn, Robert, auf seiner Insel besucht habe. Christian sollte erst mal sondieren. Die Tage mit ihm auf seiner Insel seien die glücklichsten Tage in ihrem Leben gewesen, die nur durch die Geburt ihres gemeinsamen Sohnes übertroffen wurden: Robert. Wie sein Vater. Christian habe sich angeboten, die Rolle des Vaters anzunehmen. Jetzt genieße sie erst einmal die vierzehn Monate Elternzeit. Während dieser Zeit werde sie über ihr weiteres Leben nachdenken. Sie sei ihm, Robert, sehr dankbar und wünsche sich, dass er ein guter Vater sei, der seinem Sohn den Sinn des Lebens zeige, das Gespür für die Natur in ihm wecke und ihn mitnehme zum Fliegenfischen, Bären aber bitte auf genügend Abstand halten möge. Ob sie weiterhin mit Christian zusammenleben wolle, wisse sie noch nicht. Auch wenn Christian ihr oft beruflich mit seinem Rat geholfen habe, so sei das alles nichts gewesen gegen das, was Robert ihr gegeben habe. Ein Stück von ihm.

Kirche, Taufe und solche Dinge: Diese Entscheidung solle *ihr* Robert selbst treffen, wenn er alt genug dafür sei. Was sie sich allerdings sehnlichst wünsche: Sie möchte, dass er, Robert, als leiblicher Vater seinen Sohn bald einmal besuche, ihn auf den Arm nehme und über seinen Kopf streichele. Und wenn er dann etwas größer sei, müsse er, Robby, so rufe sie ihn, unbedingt Goose Island kennenlernen, einen ganzen Sommer lang mit Ziegen, Fischen, herrlichen Wiesen und Waschen in der Badebucht. Sie wisse auch, dass sie ihm, Robert, viel zumute und dass er sich für ein Leben in der Einsamkeit und in der Natur entschieden habe. Sie wisse aber auch, dass zwischen ihm und ihr viel mehr entstanden sei als eine oberflächliche Beziehung. Vielleicht gebe es ja einen Weg, diese Gegensätze miteinander zu vereinen.

Robert brauchte lange, bis er den Brief und das Bild eingepackt hatte und wieder zurück zu seinem Boot ging. Es war später Nachmittag. Er hatte das Paddel ins Boot gelegt, als er aus dem Hafen herausgefahren und auf offener See war. Das Kajak schaukelte sanft auf den Wellen, ein leichter Wind von See machte die schwülwarme Luft erträglicher. Robert hatte die Spritzdecke des Kajaks nicht geschlossen, ließ sich von der Strömung treiben, entwarf Pläne, verwarf sie. Er holte den Brief aus der Schutztasche, die er hinter seinem Sitz im Boot verstaut hatte, wieder hervor, las Wort für Wort. Stand da was zwischen den Worten? *Ein starkes Stück von Amelie, mich in der Geburtsanzeige als Vater zu nennen. Geht gar nicht… Fremde Menschen, besser informiert als ich? Amelie … was hat sie sich dabei gedacht? Oder ist diese Anzeige nur für mich …? Warum so?* Vergeblich suchte er nach einem Hinweis, in dem Amelie um das Einverständnis zur Geburtsanzeige bat. *Warum ist sie erneut in mein Leben eingedrungen? Meine Lebensziele? Zwingt mir ihren Willen auf … Was weiß ich von ihr? Als sie hier war … war ja auch in Montreal, als sie hier war. Und in Braunschweig? Gab es da vielleicht auch noch andere Männer neben Christian? Ich muss ihr glauben, will ihr glauben … Muss mit ihr reden, muss ihr dabei in die Augen sehen, muss Robby in die Augen sehen.* Bilder tauchten vor seinen Augen auf. Braunschweig. Halifax. Christian. Amelie. Sein Sohn. Sollte er nach Braunschweig reisen? Oder Amelie mit seinem Sohn auf dem Arm, mit einem Boot auf dem Weg nach Goose Island … Ein Bettchen bauen …, ja. Und an die Hütte anbauen! Ein Zimmer für Robby und Amelie … Besuchen? Seinen Sohn besuchen? Ja, das würde er. Er würde schreiben, ihr schreiben, seinem Sohn schreiben. Warum erinnerte er sich jetzt an ein Zitat in seiner Zitatensammlung?

Wenn ich an morgen denke,
hab' ich das Gefühl, es wird zu viel für mich.
Guck wie die Zeit verrennt, das Leben wartet nie auf dich
Ich merk' als kleiner Junge träumte ich noch unbeschwert
Ich kannte keine Ängste, heute ist es umgekehrt.

Schreiben … Ein Buch für seinen Sohn, ja, ein Tagebuch, sammelt Sätze mit Gedanken. Warum nicht ein Tagebuch? Darin könnte er ihm erzählen, was er täglich erlebte, was er empfand, wenn die Sonne abends im Meer versank, was er … Robert konnte kaum denken, nahm seine Umgebung nicht wahr. Nur eine Vorstellung beschäftigte ihn: Sein Sohn, zwei Väter? Es gibt so viel, was nur er, Robert Rupp, ihm geben, was er ihm schreiben, was er ihm zeigen konnte. Ob seine Zeit dafür reichen würde?

Halifax

Robert erschrak heftig, als er den Brief wieder in seinen Rucksack verstaut hatte und zum Himmel aufschaute. Die Sonne war weit in Richtung Horizont gewandert. Wo war er? Wie lange hatte ihn der Golfstrom schon entlang der Küste Richtung Norden und dann nach Osten getrieben? Wo war die Küste, wo waren die Inseln? Goose Island? Wasser, überall Wasser. Keine Küste, Inseln weit entfernt. Eine kurze Orientierung an seinem Schatten, den die Sonne warf, die Spritzschutzdecke geschlossen, der Griff zum Paddel, das Boot gedreht. Robert funktionierte wieder, schob sein Kajak mit kräftigen Armzügen durch die Wellen und gegen die Strömung. Robert war gut durchtrainiert. Aber solch eine Situation hatte er noch nicht erlebt. Stunden später, die Sonne war hinter dem Horizont verschwunden, der Mond warf sein fahles Licht auf die Wellen und Blitze zuckten am Himmel über dem Festland, erreichte er Goose Island. Emma, Frieda und Johanna standen am Anleger und warteten darauf, gemolken zu werden. Völlig erschöpft zog Robert sein Kajak auf die Felsen, machte es am Steg fest, packte alles aus dem Boot in seinen Rucksack, zog die Spritzschutzdecke über die Sitzöffnung und wollte gerade zu den Ziegen gehen, als er auf Algen, die die Flut auf den Felsen gespült hatte, ausrutschte und mit voller Wucht mit der rechten Schulter gegen einen Felsvorsprung knallte. Ein heftiger Schmerz schoss durch seine Schulter, der Arm hing schlaff an seinem Körper. Jede Bewegung schmerzte. „Verdammter Mist!", fluchte Robert, richtete sich mühsam auf und krabbelte auf Knien, sich mit dem linken Arm abstützend, weiter die Uferböschung empor.

Oh Mann, die Ziegen melken! Melken? Wie soll das gehen. Ich muss sie melken! Ihr Euter, Entzündungen ... Ich muss sie melken!

Es war schon Mitternacht, das Gewitter war bedrohlich nähergekommen, der Mond hinter Wolken verschwunden und er hatte die Ziegen mit der linken Hand gemolken, als Robert die SOS-Fahne aus seiner Hütte holte. Mühsam fädelte er sie an den Fahnenseilzug, zog die Fahne auf und quälte sich zurück in sein Blockhaus. Die Schmerzen waren unerträglich, an Schlaf war nicht zu denken. Noch nie hatte Robert sich so sehr danach gesehnt, dass die Sonne wieder aufgehen und hoffentlich bald Hilfe vom Festland kommen würde. Und dann war er doch kurz eingeschlafen, als ihn die Schiffssirene der Küstenwache weckte. Schnell hatte die Bootsmannschaft Robert an Bord genommen. Eine erste Diagnose des Notarztes, den die Mannschaft gleich wegen der SOS-Fahne mit an Bord genommen hatte: Schulterfraktur. George Miller, der Kapitän des Küstenschutzbootes, hatte über Funk einen Krankentransport nach Halifax und eine „Melkhilfe" für Roberts Ziegen organisiert.

Am späten Nachmittag – nach mehrstündiger Operation – dann für Robert die deprimierende ärztliche Nachricht: Seine rechte Schulter und sein Schlüsselbein waren gebrochen und nun mehrfach genagelt und verschraubt, der Bizepsmuskel abgerissen und am Knochen „angedübelt", ein Riss in der Rotatorenmanschette. Mindestens acht Wochen sollte seine Schulter stillgelegt sein durch Bandagen und Stützen. Robert würde auch beim Waschen und Anziehen auf fremde Hilfe angewiesen sein, dürfte selbst danach noch mindestens sechs Wochen seine Schulter nicht belasten und benötigte Physiotherapie über mehrere Monate.

Bei diesen Aussichten war Robert immer mehr zusammengesackt in seinem Krankenbett. Was sollte aus seiner Insel werden, wer versorgte seine Ziegen? Er hatte reichlich Schmerzmittel erhalten, so dass er bald einschlief.

Amelie war sehr erstaunt, als sie Roberts Stimme am Telefon hörte. Sie brauchte einige Sekunden, bevor sie mit zitternder Stimme antworten konnte.

„Robert? Du? Wo bist du?"

„In Halifax."

„Was machst du in Halifax? Warum bist du nicht auf Goose Island?"

„Bin hier im Krankenhaus. Schulter und Schlüsselbein gebrochen. Falle wohl erstmal für längere Zeit aus. Dabei wollte ich euch in nächster Zeit besuchen, dich und Robert ..."

„Du hast meinen Brief erhalten?"

„Ja. Der hat mich umgehauen. Darüber sollten wir unbedingt sprechen. Das war schon heftig mit der Geburtsanzeige ..."

„Robert, bitte. Ich möchte jetzt am Telefon nicht darüber sprechen. Freust du dich denn nicht über unseren Sohn?"

„Doch ..., ja ..., sehr. Hab das aber immer noch nicht verkraftet. Muss nachdenken ... Brauche noch etwas Zeit."

„Wer kümmert sich um deine Ziegen? Wann kannst du wieder zurück auf deine Insel?"

„Weiß ich nicht. Muss das mit den Ziegen heute noch klären, mit Schorse Miller von der Küstenwache reden. Der hat da was organisiert."

„In welcher Klinik liegst du in Halifax?"

„Im IWK Health Centre."

Roberts Telefongespräch mit Amelie wurde abrupt beendet, als ein Ärzteteam in das Krankenzimmer eintrat.

„Du, wir müssen jetzt Schluss machen, bekomme gerade Besuch von den Ärzten."

„Ich rufe dich an. Deine Telefonnummer habe ich hier ja auf meinem Telefon." Mit diesen Worten beendete Amelie das Telefonat mit Robert.

Drei Tage waren in der Zwischenzeit vergangen. Robert hatte sich noch immer nicht mit seiner misslichen Lage abgefunden, obwohl seine Ziegen versorgt waren und Amelie auch wieder angerufen hatte. Da klopfte es an der Tür seines Krankenzimmers und herein trat, ihren Sohn in einem Tragetuch am Körper, Amelie!

„Du? Ihr? Ich kann es nicht glauben ..." Robert bekam kein Wort mehr heraus, schluckte heftig und konnte seine Tränen nicht mehr unterdrücken. Eine zarte Umarmung, soweit es seine Schulterschiene zuließ, ein leichtes Streicheln über den Kopf seines Sohnes und minutenlanges Schweigen. Lange hielt Amelie Roberts linke Hand, streichelte mit der anderen Hand über sein Haar und seine Wangen. Keiner konnte, keiner wollte etwas sagen, während ihr Sohn im Tuch an der Brust seiner Mutter schlief.

Schließlich löste Robert das Schweigen. „Wie habt ihr das geschafft, den Flug und die Einreise? Die haben mir hier gesagt, die Grenzen sind zu. Corona. Auch bei euch in Deutschland. Keiner darf reisen ...“

„Es war nicht ganz einfach. Aber die hier im Krankenhaus haben mir 'ne Bescheinigung geschickt, dass du Hilfe brauchst, jetzt auf deiner Insel und wenn du hier entlassen bist. Und dass du Robbys Vater bist, haben sie mir schließlich auch geglaubt. Ich werde hierbleiben, bis du wieder gesund bist. Habe ja noch über ein Jahr Zeit, bevor ich wieder arbeiten muss. Na ja, und dann müssen wir mal sehen ...“

„Goose Island? Amelie, das geht nicht. Du und Robby? Wo wollt ihr schlafen? Hygiene? Ärzte? Wir als Erwachsene, ja. Aber unser Kind? Und dann im Winter ...“

„Ich hab' da schon ein wenig vorgesorgt, kenne ja doch jemanden in Little Harbour. Und ein Boot habe ich auch schon gemietet für die nächsten Monate. Na ja, und ich freue mich auch schon auf Johanna, Emma und Frieda. Nur mit dem Telefonieren, das wird wohl nichts. Muss dich von Little Harbour aus anrufen, wird wohl nicht anders gehen.“

Da war sie wieder, Amelie, burschikos und unerschrocken, so wie Robert sie kannte und mochte.

Nach etwa zwei Stunden, Amelie hatte Robby zwischendurch gestillt und neu gewickelt und Robert seinen Sohn kurz auf den linken Arm gehabt, ihm in die Augen geschaut und etwas erzählt, machte sich Amelie auf den Weg nach Goose Island. „Ich hole dich hier ab, wenn sie dich entlassen. Die wollen mir dann noch ein paar Tricks und Kniffe zeigen, wie ich dich auf deiner Insel pflegen kann", hatte Amelie Robert noch beim Verlassen des Krankenzimmers zugerufen.

Pflegen? Hat sie pflegen gesagt? Robert sank erschrocken in sein Bett zurück. *Pflege, ich bin ein Pflegefall ..., das kann nicht sein. Das darf nicht sein.* Und dann tauchten wieder diese Bilder vor seinen Augen auf, Bilder, die er jahrelang verdrängt hatte, von denen er geglaubt hatte, dass sie in seinem Gedächtnis gelöscht waren. Sein Vater. Demenz. Im Sommer 2012. Hilflos hatte er vor ihm gestanden, in seiner kleinen Wohnung in Bad Lauterberg. Die Wohnung: total versifft, überall Müll, verdorbene Essensreste auf dem Schrank, im Kühlschrank und in der Spüle. Hilfesuchend hatte sein Vater ihn angeschaut, und doch abwesend, wie aus einer anderen Welt. Er hatte seinen Vater einfach stehenlassen. Zog schweigend die Tür hinter sich zu, als er die Wohnung verlassen hatte. Nein, seinen Vater pflegen, das wollte er nicht! Das konnte er nicht! Wann denn? Der Beruf forderte ihm alles ab. Sein Vater war unglaublich streng zu ihm gewesen, als Robert ein Kind war. Daran hatte sich auch später nicht viel geändert. Es war immer schwierig gewesen zwischen ihnen.

Und so hatte er damals einen Pflegedienst organisiert. Das war gut, so hatte er es sich immer wieder eingeredet, und er hatte sein Leben so führen können, wie er wollte. Seinen Vater hatte er dann nur noch einmal gesehen, im Februar 2013 im Krankenhaus, einen ausgemergelten alten

Mann. Und wieder dieser abwesende Blick, diese traurigen Augen. Nur noch ein Händedruck zum Abschied und schließlich eine Urnenbeisetzung in aller Stille.

Pflege? Hätte sein Vater ein Anrecht auf seine Pflege gehabt? Auf die Berührung seiner Hände? Auf ein Streicheln seiner Wangen, so wie Amelie gerade seine Wangen gestreichelt hatte. Er hatte versagt, so schoss es ihm durch den Kopf. *Ich habe meinen Vater im Stich gelassen, als er mich brauchte! Pflege? Nein! So weit darf es nicht kommen! – Meine Kinder? ... wollen nichts von mir wissen. Was habe ich nur falsch gemacht? Warum ... haben sich von mir abgewandt? Das kann doch nicht nur an meiner gescheiterten Ehe liegen. Sicher, wenn ich an meinen Vater denke ..., auch ich war wohl kein Vorbild. Und jetzt soll ich Robby ein Vorbild sein?!*

Die Schmerzmittel, die er während Amelies Besuch eingenommen hatte, wirkten. Robert schlief ein. Doch er schlief sehr unruhig, träumte anscheinend, rief im Schlaf seinen Vater.

Amelie

Amelie war aufgeblüht auf Goose Island während der Wochen im August, wo sie mit Robby und den Ziegen allein lebte. Mit dem bis Ende September gemieteten Motorboot kam sie gut klar und ein Babybett für Robby hatte sie auch gekauft. Mit Johanna, Frieda und Emma und den vier kleinen Zicklein, die neugierig über jeden Felsen an der Küste kletterten, hatte sie sich angefreundet. Der Bauer, der täglich einmal mit dem Boot auf die Insel gekommen war, um die Ziegen zu melken, war überrascht, wie gut Amelie sich eingelebt hatte, und seine Dienste schnell eingestellt. Der Garten hatte sie reichlich mit frischem Obst und Gemüse verwöhnt, Butter, Käse und Milch lieferten die Ziegen. Es hatte ein paar Fehlversuche gegeben, bis Amelie es geschafft hatte, aus der Milch Butter und Käse zu gewinnen. Mittlerweile bereitete sie einen leckeren Frischkäse mit Kräutern zu, den ihr Charleen, mit der sie Freundschaft geschlossen hatte, gern abnahm, um auch die Nachbarn damit zu versorgen. Brot hatte sie nicht gebacken und stattdessen von ihrer Einkaufstour vom Festland mitgebracht. Mit der Backröhre im alten Herd in der Hütte hatte sie sich noch nicht angefreundet. Der Einkauf beschränkte sich dann auch nur noch auf Mehl, Zucker und ein paar Kleinigkeiten. Der Kaffee durfte allerdings nicht fehlen.

Zweimal in der Woche fuhr Amelie mit ihrem Boot hinüber zum Festland, kaufte ein, trank einen Kaffee bei Charleen, erfuhr von ihr viel über das Leben der Einwohner von

Little Harbour und was sonst so in der Gegend passierte, holte die Post, telefonierte mit Robert in Halifax und rief in Braunschweig bei Christian an. Robert hatte am Telefon immer wieder ungläubig nachgefragt, ob Amelie das alles wirklich allein und ohne Hilfe schaffte. Der Garten, die Ziegen, Gurken einlegen, Bohnen ernten, Zwiebeln roden ... Dass sie einen Handwerker organisiert hatte, der ihr ein bequemes Bett geliefert und gebaut hatte, den Bootsanleger für das zusätzliche Boot erweitert und ihr dabei geholfen hatte, eine Solaranlage aufzubauen, davon erzählte sie Robert nicht. Es war einer jener Handwerker, Fionn Walsh, irischer Abstammung, der Zimmermann, Wasser- und Elektroinstallateur und Dachdecker in einer Person ist. Vorsichtig hatte Amelie bei ihm angefragt, ob er an die Hütte einen weiteren Raum anbauen könne. Der Handwerker hatte die Hütte daraufhin schon einmal ausgemessen und eine erste Skizze gefertigt. „Wenn sie hier auf die Insel ziehen wollen, müssen sie aber die Einwanderung beantragen", hatte der Handwerker angemerkt, als er Amelies Pläne erkannte.

Wenn Amelie auch bereit war, die Wäsche im großen Holzbottich mit der Hand zu waschen, so wollte sie doch nicht auf warmes Wasser für sich und ihren Sohn verzichten. Ein Akku an der Solaranlage sorgte dafür, dass sie etwas elektrisches Licht in der Hütte hatte, einen kleinen Warmwasserbereiter nutzen und sich so gelegentlich einen Kaffee aufbrühen konnte.

Robby ertrug die Aktivitäten seiner Mutter geduldig, schaute schon mal neugierig aus dem Wickeltuch, in dem

Amelie ihn an ihrer Brust oder auf dem Rücken trug, und wurde nur laut, wenn er Hunger hatte. Die frische Seeluft schien ihm zu gefallen. Er strampelte kräftig, wenn Amelie ihn mit seinem Bettchen vor die Hütte unter den Ahornbaum stellte und der Wind mit den Blättern des Baumes und dem Mobile über seinem Bettchen spielte, das Amelie aus Federn, Blättern und trockenen Blüten gemacht hatte.

Mit Charleen hatte Amelie eine „Flaggensprache" vereinbart. Charleen konnte bei klarem Wetter von ihrem Haus aus Goose Island sehen. Und so gingen die beiden Frauen jeden Morgen um neun Uhr zu ihrem Flaggenmast und hissten ihre Fahnen: Neongrün für *alles ist gut*, Gelb für *fühle mich heute nicht gut*, Lila für *ich komme heute zu Besuch*. Mit acht verschiedenen Flaggen kommunizierten sie morgens täglich miteinander, oft noch mittags und abends. Charleen hatte noch einen Tipp für Amelie, wenn Robert aus dem Krankenhaus nach Hause käme und wieder auf seiner Insel sein werde: Die alte Indianerin, die an der Küste unterhalb vom Little Harbour Head lebt. Ob sie indianische Vorfahren hat, wisse hier niemand. Sie lebe da allein, sei vor einigen Jahren gekommen und habe sich dort die alte Fischerhütte hergerichtet. Viele Menschen hier in der Gegend würden ihre Heilkräuter, Salben und ihre magischen Hände schätzen, mit denen sie schon manches Leiden geheilt habe. Die alte Hexe, so nannte Charleen sie gelegentlich scherzhaft, habe auch ihr nach der Geburt ihres Sohnes geholfen, als sie eine schmerzhafte Brustentzündung hatte. Sie werde sicher Robert helfen können, damit er schnell wieder gesund werde.

Als Amelie eines Tages eine Schale vom Regal in der Hütte nahm, um darin Tomaten zu lagern, fiel ein Stück Papier herunter. Amelie sah sofort, dass es ein Brief war, so wie sie schon mehrere von Robert bekommen hatte, sorgsam gefaltet und ohne Umschlag. Sie nahm ihn mit vor die Tür, setzte sich auf die Bank und begann zu lesen.

„Goose Island, 12. Mai 2020

Liebe Amelie,

auch wenn Du es mir nie gesagt hast, es wohl auch nie sagen würdest: Ich bin ein alter Esel. So jedenfalls komme ich mir manchmal vor. Es ist wunderschön hier auf Goose Island, jetzt, wo die Kirsch- und Apfelbäume blühen, die ich gleich bei meiner Ankunft gepflanzt habe. Der Frühling riecht herrlich und die Sonne schmeichelt meiner Haut. Vogelgezwitscher und das Summen von Bienen erfüllen die Luft. Die Zicklein spielen, toben über die Felsen am Ufer. Nur mein Iiihaaah verhallt ungehört. Kein Echo, kein zweiter Esel.

So bleiben mir nur die Selbstgespräche, in denen Du mir antwortest. Wir sprechen über den September im letzten Jahr. Aber Du bist hart und sagst zu mir, ‚Du hättest mich ja mal fragen können. Vielleicht‘, sagst Du. ‚Ja, was vielleicht?‘ ‚Warum‘, sagst Du zu mir – alter Esel vermeidest Du taktvollerweise – ‚Warum fragst du nicht? Bist doch sonst nicht maulfaul. Sonst weißt Du doch alles oder meinst, alles zu wissen, hältst große Vorträge über Gott und die Welt‘, sagst Du zu mir. Du hast ja Recht. Was soll ich dir antworten? Dass ich Angst hatte, Du würdest mir einen Korb geben auf die Frage, ob Du bei mir auf der Insel bleiben würdest. Ja, ich hatte Angst, dich erneut zu verlieren. Ich hatte Angst vor der Wahrheit, die in den zwanzig Jahren zwischen uns liegt. Und ich habe sie noch, diese Angst, Du würdest lieber dein Leben mit einem Jüngeren teilen. Und doch sehne ich mich nach deiner Antwort, nicht: ‚Iiihaah'. Nein, eher nach einer Antwort wie: ‚Nun ja, Du alter Esel. Du brauchst keine Angst zu haben. Ich finde deine Insel auch schön und möchte hier mit dir leben.' Diese Antwort hast Du mir heute gegeben, als ich mir vorstellte, dass Du neben mir auf der Bank sitzt und der Wind uns streichelt.

Und darum frage ich dich, liebe Amelie: Kannst Du dir ein Leben mit mir hier auf Goose Island vorstellen und würdest Du dein Leben mit mir teilen?

Robert

Ende August konnte Amelie Robert aus der Klinik in Halifax abholen. Robert musste weitere drei Wochen einen Stützverband für seine Schulter tragen. Der Arzt erklärte Amelie, wie Robert tägliche Bewegungsübungen für die Schulter machen sollte und wie der Stützverband wieder angelegt wurde. Dann gab er ihr ein Merkblatt mit der Adresse verschiedener Physiotherapeuten sowie ein Rezept für die Behandlung der Schulter. Bei herrlichem Spätsommerwetter setzten die drei zur Insel über, mit dem von Amelie gecharterten Boot. Als Amelie das Boot festgemacht hatte und Robert ausgestiegen war – er wunderte sich ein wenig über den erweiterten Bootsanleger und die Solarpaneele auf dem Dach seiner Hütte – nahm Amelie Roberts Hände, gab ihm einen Kuss und flüsterte ihm ins Ohr:

„Willkommen auf Goose Island. Nun ja, du alter Esel. Du brauchst keine Angst zu haben. Ich finde deine Insel auch schön und möchte hier mit dir leben, mit dir und mit Robby."

Esel? Hat sie alter Esel gesagt?

Robert wich zurück, schaute auf's Meer hinaus.

Wieder diese verflixten Gedanken, Pflegefall .... Sie behandelt mich wie einen Gast. Auf meiner Insel. Hat die Insel für sich vereinnahmt. ... in meinen geheimsten Gedanken gewühlt. Der Brief. Hätte ihn verbrennen sollen? Warum fragt sie mich nicht? Baut einfach um? Wie soll das gehen, zu dritt auf dieser Insel, wenn sie ...?

„Sorry, Robert ... Ich habe gedacht ..., ich dachte, du freust dich."

Es war Ende Oktober, ein wunderschöner goldener Herbsttag. Roberts Schulter war – auch dank der Behandlungen durch die alte Indianerin – gut verheilt und schon wieder leicht belastbar. Robert hatte sich wieder in sein Kajak gesetzt, war ein Stück gepaddelt und war auf eine der kleinen Nachbarinseln an Land gegangen. Stundenlang saß er dort regungslos am Ufer in der Sonne und sah auf das Meer hinaus.

Dank

Ich danke Jonas Lohstroh für die gute Zusammenarbeit und die gemeinsam erstellte Erzählung „Ekke Nekkepenn". Weiter danke ich den Autoren aus der Schreibwerkstatt der Universität des Dritten Lebensalters in Göttingen für viele Ratschläge und Anregungen zu den Texten. Besonders danke ich Birgit Heymann, „Lektorat in Grün", für das Lektorat und viele konstruktive Ideen zu „Goose Island".

Manfred Kirchner   14. März 2021